VIOLLET·LE·DUC

LA CITÉ DE CARCASSONNE

EDITIONS ALBERT MORANCÉ

L'A CITÉ DE CARCASSONNE

OUVRAGE ÉTABLI
PAR LES SOINS DES
ÉDITIONS ALBERT
MORANCÉ, A PARIS
30-32, RUE DE FLEURUS

ANCIENNE MAISON MOREL
FONDÉE EN 1780

VIOLLET-LE-DUC

LA CITÉ

DE

CARCASSONNE

NOUVELLE ÉDITION
REVUE ET COMPLÉTÉE
PAR MICHEL JORDY

ÉDITIONS ALBERT MORANCÉ

Les précédentes éditions de cet ouvrage reproduisaient textuellement le rapport présenté en 1853 par Viollet-le-Duc au Gouvernement Impérial.

Cet important document révéla le grand intérêt historique et artistique qu'offre la Cité de Carcassonne et décida de sa conservation qui était déjà demandée d'une manière pressante par J.-P. Cros-Mayrevieille et par les pouvoirs publics alertés par lui.

En rédigeant son rapport Viollet-le-Duc, écrivant au courant de la plume, s'est surtout attaché à mettre en lumière l'importance du monument et l'utilité de sa restauration au point de vue national.

Il assemblait les points offrant le même intérêt architectural, mêlant les faits et les époques, sans se préoccuper de l'ordre de la visite, d'ailleurs inutile en ce temps-là. Aussi le visiteur qui se trouvait en présence du monument avait-il quelque difficulté à retrouver dans le texte la description des constructions qu'il avait devant lui.

C'est pour répondre au désir souvent manifesté par les nombreux admirateurs de l'antique Carcas, que nous présentons cette nouvelle édition, conçue sur un plan différent, mais dans laquelle le texte du génial architecte a été scrupuleusement respecté.

Nous avons simplement groupé par chapitres les détails ayant trait aux mêmes sujets, aux mêmes ensembles et qui sont dispersés dans le rapport. De cette manière le touriste trouvera aisément la description générale et suivie des parties qu'il veut étudier.

Tel est le but de cette nouvelle édition. Nous la présentons augmentée d'un guide-itinéraire descriptif de la visite des Monuments de la Cité.

Les adjonctions faites au texte primitif sont composées en italiques.

Nous avons complété ce volume par des photographies de la Cité actuelle, restaurée par Viollet-le-Duc.

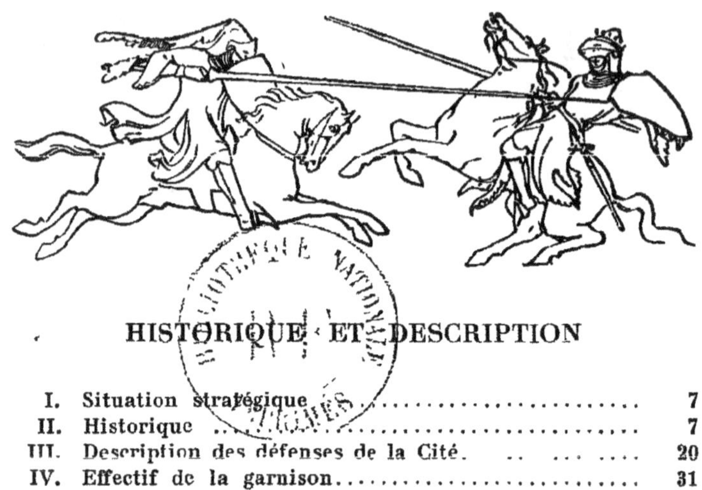

HISTORIQUE ET DESCRIPTION

GUIDE TOPOGRAPHIQUE DU VISITEUR

PREMIÈRE PARTIE

HISTOIRE ET DESCRIPTION

LA CITÉ
DE
CARCASSONNE

HISTOIRE ET DESCRIPTION

I. — SITUATION STRATÉGIQUE

Le plateau sur lequel est assise la Cité de Carcassonne commande la vallée de l'Aude, qui coule au pied de ce plateau, et par conséquent la route naturelle de Narbonne à Toulouse. Il s'élève entre la Montagne-Noire, derniers contreforts des Cévennes, et les versants des Pyrénées, précisément au sommet de l'angle que forme la rivière de l'Aude en quittant ces versants abrupts, pour se détourner vers l'Est. Carcassonne se trouve ainsi à cheval sur la seule vallée qui conduise de la Méditerranée à l'Océan et à l'entrée des défilés qui pénètrent en *Espagne* par Limoux, Alet, Quillan, Mont-Louis, Livia, Puicerda ou Campredon.

II. — HISTORIQUE

Les Romains. — Vers l'an 636 de Rome, le Sénat, sur l'avis de Lucius Crassus, ayant décidé qu'une *Colonie Romaine* serait établie à Narbonne, la lisière des Pyrénées fut bientôt munie de postes importants afin de conserver les passages en Espagne et de défendre le cours des rivières. Les peuples Volkes-Tectosages n'ayant pas opposé de résistance aux armées romaines, la République accorda aux habitants de *Carcassonne*, de Lodève, de Nîmes, de Pézenas et de Toulouse la faculté de se gouverner suivant leurs lois et sous leurs magistrats. L'an 70 avant J.-C., Carcassonne fut placée au nombre des Cités nobles ou élues. On ne sait quelle fut la destinée de Carcassonne depuis cette époque jusqu'au ivᵉ siècle. Elle jouit, comme toutes les villes de la Gaule méridionale, d'une paix profonde; mais après les désastres de l'Empire, elle ne fut plus considérée que comme une citadelle (*Castellum*). En 350 les Francs s'en emparèrent, mais peu après les Romains y rentrèrent.

Les Visigoths. — En 407, les Goths pénétrèrent dans la Narbonnaise première, ravagèrent cette province, passèrent en Espagne, et, en 436, Théodoric, roi des Visigoths, s'empara de Carcassonne. Par le traité de paix qu'il conclut avec l'Empire en 439, il demeura possesseur de cette ville, de tout son territoire et de la Novempopulanie, située à l'ouest de Toulouse.

En 508, Clovis mit le siège devant Carcassonne et fut obligé de lever son camp sans avoir pu s'emparer de la ville.

En 588, la Cité ouvrit ses portes à Austrovalde, duc de Toulouse, pour le roi Gontran; mais peu après, l'armée française ayant été défaite par Claude, duc de Lusitanie, Carcassonne rentra au pouvoir de Reccarède, roi des Visigoths.

Ce fut en 713 que finit ce royaume.

Les Sarrasins. — Les Maures d'Espagne, sous le commandement de Moussa-ben-Nossaïr, devinrent alors possesseurs de la « Septimanie ».

La Féodalité. — On ne peut se livrer qu'à de vagues conjectures sur ce qu'il advint de Carcassonne pendant quatre siècles; entre la domination des Visigoths et le commencement du xiiᵉ siècle, on ne trouve pas de traces

VUE GÉNÉRALE DE L'OUEST.
Les deux ponts sur l'Aude.

Vue générale de l'Ouest.
Les deux ponts sur l'Aude.

Phot. Michel Jordy.

appréciables de constructions dans la Cité, non plus que sur ses remparts. Mais, à dater de la fin du xie siècle, des travaux importants furent entrepris sur plusieurs points.

Sous le vicomte Bernard Aton, la bourgeoisie de Carcassonne s'était constituée en milice et il ne paraît pas que la concorde régnât entre ce seigneur et ses vassaux, car ceux-ci, battus par les troupes d'Alphonse, comte de Toulouse, venu en aide à Bernard, furent obligés de se soumettre et de se cautionner. Les biens des principaux révoltés furent confisqués au profit du petit nombre des vassaux restés fidèles, et Bernard Aton donna en fief à ces derniers les *tours* et les maisons de Carcassonne, à la condition, dit Dom Vaissette : « de faire le guet et de garder la ville, « les uns pendant quatre, les autres pendant huit mois de « l'année et d'y résider avec leurs familles et leurs vas- « saux durant tout ce temps-là. Ces gentilshommes, qui « se qualifiaient de « *Châtelains de Carcassonne* », pro- « mirent par serment au Vicomte de garder fidèlement la « ville. Bernard Aton leur accorda divers privilèges, et « ils s'engagèrent à leur tour à lui faire hommage et à lui « prêter serment de fidélité. C'est ce qui a donné l'ori- « gine, à ce qu'il paraît, aux « *Mortes-Payes* » de la Cité « de Carcassonne, qui sont des bourgeois, lesquels ont « encore la garde et jouissent pour cela de diverses pré- « rogatives. » (Voir *Tour de la Vade*, n° 18, p. 50.)

Ce fut probablement sous le vicomte Bernard Aton ou, au plus tard, sous Roger III, vers 1130, que le *Château* fut élevé et les murailles des Visigoths réparées.

Croisade albigeoise (*Siège de 1209*). — Le 1er août 1209, le siège fut mis devant Carcassonne par l'armée des Croisés, commandée par le célèbre Simon de Montfort.

Le vicomte Raymond-Roger Trencavel avait fait aug-menter les défenses de la Cité et celle des deux faubourgs de la Trivalle et de Graveillant (aujourd'hui faubourg

Barbacane), situés entre la Cité et l'Aude, ainsi que vers la route de Narbonne.

Les défenseurs, après avoir perdu les faubourgs, manquant d'eau, furent obligés de capituler. Le siège entrepris par l'armée des Croisés ne dura que du 1er au 15 août, jour de la reddition de la place. On ne peut admettre que, pendant ce court espace de temps, les assiégeants aient pu exécuter les travaux de mine ou de sape qui ruinèrent une partie des murailles et tours des Visigoths; d'autant qu'il existe des reprises faites pendant le xiie siècle pour consolider et surélever les tours visigothes qui avaient été fort compromises par la sape et la mine.

Il faut donc admettre que les travaux de siège et les brèches dont on signale la trace, notamment sur le côté nord, sont dus aux Maures d'Espagne, lorsqu'ils conquirent ce dernier boulevard des rois Visigoths. Bernard Aton ne peut être, non plus, l'auteur de ces travaux de mine, car le traité qui lui rendit la Cité, occupée par ses sujets révoltés, n'indique pas qu'il ait eu à faire un long siège et que les défenseurs fussent réduits aux dernières extrémités.

Le vicomte Raymond-Roger Trencavel, au mépris des traités et de la capitulation qui rendait la Cité de Carcassonne aux Croisés, était mort en prison dans une des tours en novembre 1209.

Période Royale. — Depuis lors, Raymond Trencavel, son ~~fils, avait été dépouillé, en~~ 1226, par Louis VIII de tous ses biens reconquis sur les Croisés. Carcassonne alors fit partie du domaine royal, et un sénéchal y commandait pour le roi de France.

Siège de 1240. — En 1240, ce jeune vicomte Raymond Trencavel, dernier des vicomtes de Béziers et de Carcassonne, et qui avait été remis en 1209 aux mains du comte de Foix (il était alors âgé de deux ans), se présente tout à coup dans les diocèses de Narbonne et de Carcassonne avec un corps de troupes de Catalogne et d'Aragon. Il s'empare, sans se heurter à une sérieuse résistance, des châteaux de Montréal, des villes de Montolieu, de Saissac, de Limoux, d'Azillan, de Laurens et se présente devant Carcassonne.

Il existe deux récits du siège de Carcassonne entrepris par le jeune vicomte Raymond Trencavel en 1240, écrits par des témoins oculaires : celui de Guillaume de Puy-Laurens, Inquisiteur pour la Foi dans le pays de Toulouse, et celui du Sénéchal Guillaume des Ormes, qui tenait la ville pour le roi de France. Ce dernier récit est un rapport, sous forme de journal, adressé à la reine Blanche, mère de Louis IX.

Cette pièce importante nous explique toutes les dispositions de l'attaque et de la défense (1). A l'époque de ce siège, les remparts de Carcassonne n'avaient ni l'étendue ni la force qui leur furent données depuis par Louis IX et Philippe le Hardi. Les restes encore très apparents de l'enceinte des Visigoths, réparée au XII⁰ siècle, et les fouilles entreprises en ces derniers temps, permettent de tracer exactement les défenses existant au moment où le vicomte Raymond Trencavel prétendit les forcer.

Nous donnons ci-après (fig. 1) le plan de ces défenses, avec les Faubourgs y attenant, les Barbacanes et le cours de l'Aude.

L'armée de Trencavel investit la place le 17 septembre 1240, et s'empare du faubourg de Graveillant, qui est aussitôt repris par les assiégés. Ce faubourg, dit le *Rapport*, est *ante portam Tolosæ*. Or, la Porte de Toulouse n'est autre que la Porte dite de l'*Aude* aujourd'hui, laquelle est une construction romane percée dans un mur visigoth, et le faubourg de Graveillant ne peut être, par

(1) Le rapport du sénéchal Guillaume des Ormes, et le récit de Guillaume de Puy-Laurens ont été publiés et annotés par M. Douët d'Arcq, dans la *Bibliothèque de l'Ecole des Chartes*, 2ᵉ série, tome II, p. 363.

conséquent, que le faubourg dit de la *Barbacane*. La suite du récit fait voir que cette première donnée est exacte.

Les assiégeants venaient de Limoux, c'est-à-dire du midi, ils n'avaient pas besoin de passer l'Aude devant Carcassonne pour investir la place. Un pont de pierre existait sur l'Aude. Ce pont est encore entier aujourd'hui: c'est le *vieux pont* dont la construction date, en partie, du xii⁰ siècle. Il ne fut que réparé et muni d'une tête de pont, sous Saint Louis et sous Philippe le Hardi. Il est indiqué en P sur notre figure 1.

Raymond Trencavel n'ignorait pas que les assiégés attendaient des secours qui ne pouvaient se jeter dans la Cité qu'en traversant l'Aude, puisqu'ils devaient se présenter par le nord-ouest. Aussi le Vicomte s'empara du pont, et, poursuivant son attaque le long de la rive droite du fleuve vers l'amont, il essaya de couper toute communication de l'assiégé avec la rive gauche.

Ne pouvant tout d'abord se maintenir dans le faubourg de Graveillant, en G (voir la fig. 1), il s'empare d'un moulin fortifié, M, sur un bras de l'Aude, fait filer ses troupes de ce côté, les loge dans les parties basses du faubourg, et dispose son attaque de la manière suivante : une partie des assaillants, commandés par Oilivier de Thermes, Bernard Hugon de Serre-Longue et Giraut d'Aniort, campent entre le saillant nord-ouest de la ville et la rivière, creusent des fossés de contrevallation et s'entourent de retranchements palissadés.

L'autre corps, commandé par Pierre de Fenouillet, Renaud de Puy et Guillaume Fort, est logé devant la Barbacane qui existait en B et celle de la Porte dite *Narbonnaise*, en N.

En 1240, outre ces deux Barbacanes, il en existait une en D (1) qui permettait de descendre du Château dans le

____

(1) Reconstruite sous saint Louis.

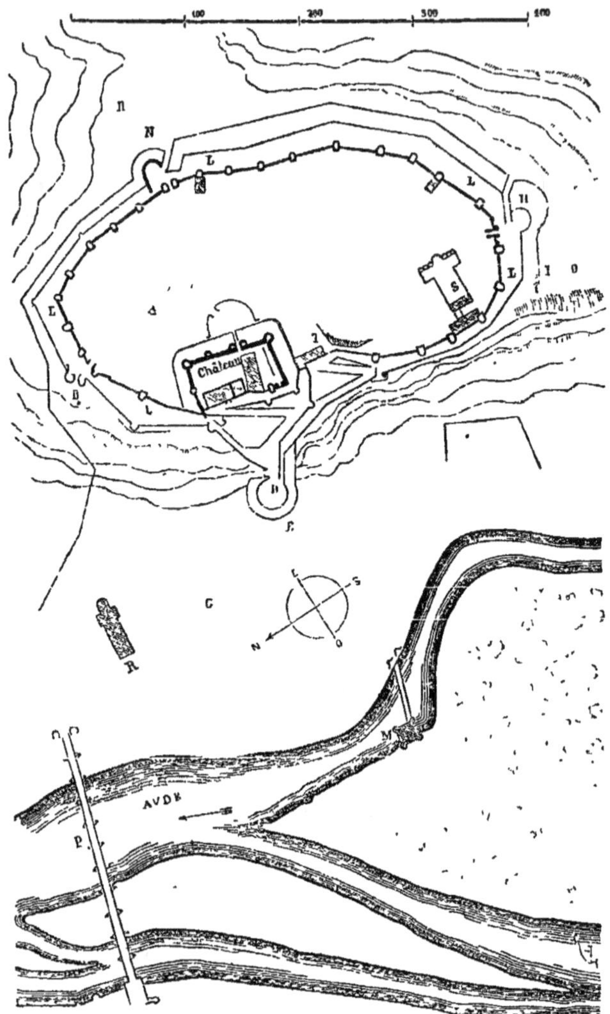

Fig. 1.
PLAN DES DÉFENSES DE LA CITÉ
(Siège de 1240)

faubourg (1) et une en H faisant face au midi. La grande Barbacane D servait encore à protéger la porte de Toulouse T (aujourd'hui Porte de l'Aude).

Il faut observer que les seuls points où le sol extérieur soit à peu près au niveau des Lices (car Guillaume des Ormes signale l'existence des Lices L et, par conséquent, d'une enceinte extérieure), sont les points O et R. Quant au sol de la Barbacane D du château, il était naturellement au niveau du faubourg et, par conséquent, fort au-dessous de l'assiette de la Cité. Tout le front occidental de la Cité est bâti sur un escarpement très élevé et très abrupt.

En reprenant tout d'abord le faubourg aux assiégeants, les défenseurs de la ville s'étaient empressés de transporter dans leur enceinte une quantité considérable de bois qui leur fut d'un grand secours; mais ils avaient dû renoncer à se maintenir dans ce faubourg.

Le Vicomte fit donc attaquer en même temps la Barbacane D du Château pour ôter aux assiégés toute chance de reprendre l'offensive, la Barbacane B (c'était d'ailleurs un saillant), la Barbacane N de la Porte Narbonnaise et le saillant I, au niveau du plateau qui s'étendait à 100 mètres de ce côté vers le sud-ouest.

Les assiégeants, campés entre la place et le fleuve, étaient dans une assez mauvaise position; aussi se retranchent-ils avec soin et couvrent-ils leurs fronts d'un si grand nombre d'arbalétriers que personne ne pouvait sortir de la ville sans être blessé.

Bientôt, ils dressèrent un « *Mangonneau* » devant la Barbacane D.

Les assiégés, de leur côté, dans l'enceinte de cette Barbacane, élèvent une « *pierrière turque* » qui bat le Mangonneau. Pour être autant défilé que possible, le mangonneau devait être établi en E.

Peu après, les assiégeants commencent à miner sous la

____

(1) Toutes les défenses du château datent du xii° siècle sauf celles du front sud.

Barbacane de la Porte Narbonnaise en N, en faisant partir leurs *galeries de mine* des maisons du faubourg qui, de ce côté, touchaient presque aux défenses.

Les mines sont étançonnées et étayées avec du bois auquel on met le feu, ce qui fait tomber une partie des défenses de la Barbacane.

Mais les assiégés ont contre-miné pour arrêter les progrès des mineurs ennemis et ont remparé la moitié de la Barbacane restée debout. C'est par les travaux de mine que, sur les deux points principaux de l'attaque, les gens du Vicomte tentent de s'emparer de la place; ces mines sont poussées avec une grande activité; elles ne sont pas plutôt éventées que d'autres galeries sont commencées.

Les assiégeants ne se bornent pas à ces deux attaques. Pendant qu'ils battent la Barbacane D du château, qu'ils ruinent la Barbacane N de la Porte Narbonnaise, ils cherchent à entamer une portion des Lices et ils engagent une attaque très sérieuse sur le saillant en I entre l'Evêché et l'Eglise Cathédrale de Saint-Nazaire, marquée S sur notre plan.

Comme nous l'avons dit, le plateau, sur ce point, s'étendait presque de niveau avec l'intérieur de la Cité de I en O, et c'est pourquoi Saint Louis et Philippe le Hardi firent, sur ce plateau, en dehors de l'ancienne enceinte Visigothe, un ouvrage considérable, destiné à dominer l'escarpement.

L'attaque des troupes de Trencavel est de ce côté (point faible alors) très vivement poussée; les mines atteignent les fondations de l'enceinte des Visigoths, le feu est mis aux étançons et dix brasses de courtines s'écroulent. Mais les assiégés se sont remparés en retraite de la brèche avec de bonnes « *palissades* » et des « *bretèches* » (1); si bien que les troupes ennemies n'osent risquer l'assaut. Ce n'est pas tout, des *galeries de mine* sont aussi ouvertes devant

(1) Sorte de petit blockaus en charpente.

la porte de Rodez, en B; les assiégés *contre-minent* et repoussent les travailleurs des assiégeants.

Cependant, des brèches étaient ouvertes sur divers points et le Vicomte Raymond Trencavel craignant de voir, d'un moment à l'autre, déboucher les troupes de secours envoyées du nord, se décide à tenter un assaut général. Ses gens sont repoussés avec des pertes sensibles, et, quatre jours après, sur la nouvelle de la venue de l'armée royale, il lève le siège, non sans avoir mis le feu aux églises du faubourg, et entre autres à celle des Minimes, en R.

L'armée de Trencavel était restée vingt-quatre jours devant la ville.

Règne de Saint Louis. — Louis IX, *attachant une grande importance à la place de Carcassonne qui couvrait cette partie du domaine royal devant l'Aragon*, et prétendant ne plus avoir à redouter les conséquences d'un siège qui l'aurait mise entre les mains d'un ennemi sans cesse en éveil, *voulut en faire une forteresse inexpugnable.*

Il faut ajouter au récit du Sénéchal Guillaume des Ormes un fait rapporté par Guillaume de Puy-Laurens. Dans la nuit du 8 au 9 septembre, les habitants du faubourg de Carcassonne (de la Trivalle; voir le plan, fig. 1), malgré leur protestation de fidélité à la noblesse tenant pour le Roi, avaient ouvert leurs portes aux soldats de Trencavel qui, dès lors, dirigea de ce faubourg son attaque de gauche contre la Porte Narbonnaise. Saint Louis, sitôt après le siège levé, n'eut pas à détruire le bourg déjà brûlé par le Vicomte Raymond Trencavel; mais, voulant, d'une part, punir les habitants de leur manque de foi, et, de l'autre, ne plus avoir à redouter un voisinage aussi compromettant pour la Cité, il défendit aux gens du faubourg de Graveillant de rebâtir leurs maisons et fit évacuer le faubourg de la Trivalle. Ces malheureux durent s'exiler.

Louis IX commença immédiatement de grands ouvrages

Vue générale du Nord.

Phot. Michel Jordy.

VUE GÉNÉRALE DU NORD.

Phot. Michel Jordy.

de défense autour de la Cité; il fit raser les restes des faubourgs, débarrassa le terrain entre la Cité et le pont et fit élever toute « *l'Enceinte Extérieure* » que nous voyons aujourd'hui, afin de se couvrir de tous côtés et de prendre le temps d'améliorer les défenses intérieures.

Ayant pu constater la faiblesse des deux parties de l'enceinte sur lesquelles le Vicomte Raymond Trencavel avait, avec raison, porté ses deux principales attaques, c'est-à-dire l'extrémité Sud et la Porte Narbonnaise, il étendit l' « Enceinte Extérieure » bien au delà de l'ancien saillant sud sur le plateau qui domine de ce côté un ravin aboutissant à l'Aude et vers la Porte Narbonnaise, à 30 mètres environ en dehors, enclavant ainsi dans les nouvelles défenses les deux points principaux de l'attaque de Trencavel (fig. 16, Plan général, p. 116).

Résolu à faire de la Cité de Carcassonne le boulevard de cette partie du domaine royal contre les entreprises des seigneurs hérétiques des provinces méridionales, Saint Louis ne voulut pas permettre aux habitants des anciens faubourgs de rebâtir leurs habitations dans le voisinage de la Cité. Sur les instances de l'Evêque Radulphe (1), après sept années d'exil, il consentit seulement à laisser ces malheureux proscrits s'établir de l'autre côté de l'Aude. Voici les lettres patentes de Saint Louis, expédiées à ce sujet (2):

« Louis, par la grâce de Dieu, roy de France, à notre
« amé et féal Jean de Cravis, Sénéschal de Carcassonne,
« salut et dilection. Nous vous mandons que vous recevez

(1) Le tombeau de cet Evêque est dans la petite Chapelle bâtie à l'extrémité du bras de croix sud de l'église de Saint-Nazaire (voir p. 106).

(2) *Histoire des Antiques et Comtes de Carcassonne*, G. Besse, citoyen de Carcassonne, Béziers, 1645. « Ces lettres, dit Besse, furent exécutées par le seneschal, *pridie nonas Aprilis*, c'est-à-dire le 4 avril 1247, et, avec l'acte de leur exécution, se trouvent avoir esté transcrites en langage du pays, dans le livre manuscrit des coutumes de Carcassonne. »

« en seureté les hommes de Carcassonne qui s'en estoient
« fuys, à cause qu'ils n'avoiènt payé à nous les sommes
« qu'ils devoient, les termes des payements escheus. Pour
« les demeures et habitations qu'ils demandent, vous en
« prendrez advis et conseil de nostre amé et féal l'evesque
« de Carcassonne et de Raymond de Capendu et autres
« bons hommes, pour leur bailler place pour habiter,
« proveu qu'aucun dommage n'en puisse avenir à nostre
« chasteau et ville de Carcassonne. Voulons que leur
« rendez les biens et héritaiges et possessions, dont ils
« joüissoient avant la guerre, et les laissez joüir de leurs
« uz et coustumes, afiin que nous ou nos successeurs ne
« les puissions changer. Entendons toutefoiz que lesdits
« hommes de Carcassonne doivent refaire et bastir à leurs
« despens les églises de Nostre-Dame et des Frères,
« Mineurs, qu'ils avoient démolies; et au contraire n'en-
« tendons que vous recevez en façon quelconque aucun
« de ceux qui introduisirent le vicomte (de Trencavel) au
« bourg de Carcassonne, estant traistres, ains rappellerez
« les autres non coupables. Et direz de nostre part à
« nostre amé et féal l'évesque de Carcassonne, que des
« amendes qu'il prétend sur les fugitifs, il s'en désiste, et
« de ce luy en sçaurons gré. Donné à Helvenas, le lundy
« après la chaise de saint Pierre. »

Bien que nous n'ayons pas le texte original de cette
pièce, mais seulement la transcription altérée évidemment
par Besse, ce document n'en est pas moins très important
en ce qu'il nous donne la date de la fondation de la ville
actuelle de Carcassonne. En effet, en exécution de ces
lettres patentes, l'emplacement pour bâtir le nouveau
bourg fut tracé au delà de l'Aude, et comme cet empla-
cement dépendait de l'Evêché, le Roi indemnisa l'Evêque
en lui donnant la moitié de la ville de Villalier. L'acte de
cet échange fut passé à Aigues-Mortes avec le Sénéchal
en août 1248.

Ce bourg est aujourd'hui la Ville de Carcassonne (ville

Basse), élevée d'un seul jet sur un plan régulier, avec des rues alignées, coupées à angle droit, une Place au centre et deux Eglises.

La prudence de Louis IX ne se borna pas à dégager les abords de la Cité et à élever une enceinte extérieure nou-velle, il fit bâtir la grosse défense circulaire appelée la Barbacane (n° 8, p. 97), à la place de celle qui comman-dait le faubourg de Graveillant, lequel, rebâti plus tard, prit son nom de cet ouvrage.

A la manière dont sont traitées les maçonneries de l' « *Enceinte Extérieure* », il y a lieu de croire que les travaux furent poussés activement, afin de mettre, au plus tôt, la Cité à l'abri d'un coup de main et pour donner le temps de réparer et d'agrandir l'enceinte intérieure.

Règne de Philippe le Hardi. — Philippe le Hardi, lors de la guerre avec le roi d'Aragon, continua ces ouvrages avec activité. Ils étaient terminés au moment de sa mort (1285). *Carcassonne était la place centrale des opérations entre-prises contre l'armée aragonaise et un refuge assuré en cas d'échec* (1).

A la place de l'ancienne Porte appelée Pressam ou Nar-bonnaise ou des Salins, Philippe le Hardi fit construire une admirable défense, comprenant la Porte Narbonnaise actuelle (n° 20), la Tour du Trésau (n° 21) et les belles courtines voisines. Du côté de l'ouest-sud-ouest, sur l'un des points vivement attaqués par l'armée de Trencavel, profitant du saillant que Saint Louis avait fait faire, il rebâtit toute la défense intérieure, c'est-à-dire les tours n°ˢ 39, 11, 40, 41, 42, 43 (Porte de Razez, de Saint-Nazaire ou des Lices), ainsi que les hautes courtines intermé-diaires (fig. 16, Plan général, p. 116), de manière à mieux commander la vallée de l'Aude et l'extrémité du plateau (voir p. 80, Courtine entre les Tours 39 et 40). Du côté du midi et du sud-est, Philippe le Hardi fit couronner,

(1) Le Verdun du Moyen Age ! (Note des Editeurs).

exhausser et même reconstruire sur quelques points les tours des Visigoths, ainsi que les anciennes courtines. Du côté nord, on répara également les parties dégradées des murs anciens et on éleva une large Barbacane devant l'entrée du Château dans l'intérieur de la ville (n° 54 du Plan général).

Depuis lors, il ne fut entrepris aucun travail de défense dans la Cité de Carcassonne et, pendant tout le cours du moyen âge, cette forteresse fut considérée comme imprenable. Le fait est qu'elle ne fut point attaquée et n'ouvrit ses portes au Prince Noir, Edouard, en 1355, que quand tout le pays du Languedoc se fut soumis à ce conquérant.

III. — DESCRIPTION DES DÉFENSES DE LA CITÉ

J'ai voulu donner un résumé très succinct de l'histoire des constructions qui composent l'enceinte de la Cité de Carcassonne, afin d'expliquer aux voyageurs curieux les irrégularités et les différences d'aspect que présentent ces défenses, dont une partie date de la domination *Romaine* et *Visigothe* et qui ont été successivement modifiées et restaurées, pendant les XII° et XIII° siècles, par les Vicomtes et par le Roi de France.

Quand on se présente devant la Cité de Carcassonne, on est tout d'abord frappé de l'aspect grandiose et sévère de ces tours brunes si diverses de dimensions, de forme, et qui suivent, ainsi que les hautes courtines qui les réunissent, les mouvements du terrain pour obtenir un commandement sur la campagne et profiter autant que possible des avantages naturels offerts par les escarpements du plateau, au bord duquel on les a élevées.

Chemins de ronde et Escaliers. — Habituellement, les tours de l'enceinte intérieure et même de l'enceinte extérieure interrompent les chemins de ronde; de sorte que, si l'assaillant parvenait à s'emparer d'une courtine, il se trouvait pris entre deux tours, et, à moins de les forcer les unes après les autres, il lui devenait impossible de circuler librement sur les remparts; d'autant que les « *Escaliers* » qui mettent directement en communication les « *Chemins de Ronde* » avec le terre-plein du côté de la ville, sont très rares et qu'on ne peut monter sur ces chemins de ronde qu'en passant par les escaliers pratiqués dans les tours. « *Chaque tour était ainsi un réduit séparé, indépendant, qu'il fallait forcer* ».

Cependant, dans l'enceinte du *Cloître Saint-Nazaire*, de larges *escaliers* donnent accès aux remparts. Mais il est bon d'observer que le *Cloître* et l'*Evêché* étaient déjà renfermés dans une enceinte, et que, par conséquent, les habitants de la ville ne pouvaient monter de la voie publique sur les courtines. Partout où il existe des *escaliers* montant aux chemins de ronde directement, ces *escaliers* sont toujours, ou enclavés dans d'anciens logis dépendant des murailles et fortifiés, ou compris dans des enceintes spéciales; tels sont les escaliers qui montaient à la courtine à côté de la tour n° 44, le long de la tour n° 47 et près de la chapelle Saint-Sernin (tour 53). Le plus souvent, ce sont les *escaliers* des tours qui, au moyen de petites portes extérieures bien ferrées, permettent l'accès sur les chemins de ronde. La garnison pouvait donc, si bon lui semblait, ainsi que nous l'avons dit plus haut, s'isoler et tenir les citoyens en respect pendant qu'elle repoussait les assiégeants. Elle seule circulait entre les deux enceintes, dans les « Lices », en fermant les portes de la ville sur les habitants; sur ce point, il n'y avait nul inconvénient à ce que les chemins de ronde fussent de plain-pied avec le terre-plein.

On remarquera encore que les « Chemins de ronde » des courtines et, par conséquent, les « *crénelages* » et les « *hourds* » ne sont pas toujours de niveau, mais suivent la pente du terrain extérieur, de manière à conserver sur tous les points de l'enceinte une hauteur d'escarpe uniforme, ainsi que cela se pratique encore de nos jours.

L'Echelade. — C'était une règle établie par l'expérience, et, passé une certaine hauteur, l'*Echelade* devait être regardée comme impossible; aussi maintenait-on un minimum d'élévation partout. Toutefois les « *escarpes* » de l'enceinte intérieure sont beaucoup plus élevées que celles de l'enceinte extérieure. L'enceinte extérieure était établie de manière à battre l'assaillant à grande distance et à l'empêcher d'approcher; tandis que, pour l'enceinte intérieure, tout est combiné en vue de combattre un ennemi très rapproché. Il n'est pas besoin d'insister sur une disposition indiquée par le simple bon sens.

Les Portes. — Les *Portes* qui mettent les tours en communication avec les chemins de ronde sont étroites, bien ferrées, barrées à l'intérieur, de sorte qu'en un instant on pouvait fermer le vantail et le barricader en tirant rapidement la barre de bois, logée dans la muraille, avant même de prendre le temps de pousser les verrous et de donner un tour de clef à la serrure. L'examen attentif de ces défenses fait ressortir le soin apporté par les ingénieurs de ce temps contre les surprises. Toutes sortes de précautions ont été prises pour arrêter l'ennemi et l'embarrasser à chaque pas par des dispositions imprévues. Evidemment, un siège à cette époque n'était réellement sérieux pour l'assiégé, comme pour l'assaillant, que quand on en était venu à se prendre, pour ainsi dire, corps à corps. Une garnison aguerrie pouvait lutter avec des chances de succès jusque dans ses dernières défenses. L'ennemi entrait dans la ville par escalade ou par une brèche, sans que, pour cela, la garnison se rendît; car alors, celle-ci renfermée dans les tours qui, je le répète, sont autant de *réduits indépendants*, pouvait se défendre encore; il fallait forcer des portes barricadées. Prenait-on le rez-de-chaussée d'une tour, les étages supérieurs conservaient les moyens de reprendre l'offensive et d'écraser l'ennemi. On voit que tout était calculé pour une lutte possible pied à pied. Les *escaliers* à vis étaient facilement barricadés de manière à rendre vains les efforts de l'assiegeant pour arriver aux etages superieurs.

Les bourgeois d'une place eussent-ils voulu capituler, que la garnison se gardait contre eux et leur interdisait l'accès des tours et des courtines. C'est un système de défiance adopté envers et contre tous.

Les Poternes. — Indépendamment des portes percées dans l'enceinte intérieure, on comptait plusieurs *Poternes*. Pour le service des assiégés, — surtout s'ils devaient garder une double enceinte —, il fallait rendre les communications faciles entre ces deux enceintes et ménager des poternes donnant sur les dehors, pour pouvoir porter rapidement des secours sur un point attaqué, faire sortir ou rentrer des corps, sans que l'ennemi pût s'y opposer. En parcourant l'*enceinte intérieure* de Carcassonne, on voit un grand nombre de poternes plus ou moins bien dissimulées et qui devaient permettre à la garnison de se répandre dans les Lices par une quantité d'issues facilement masquées, ou de rentrer rapidement dans le cas où la première enceinte eût été forcée. Entre la Tour du Trésau du côté nord et le Château, nous trouvons deux de ces poternes, sans compter la Porte de Rodez. L'une de ces poternes donne entrée dans le fossé du Château (fig. 16), l'autre à côté de la tour n° 26. Entre le Château et la tour n° 37 ~~est une poterne donnant également~~ dans le fossé du Château. Entre la Porte de l'Aude et la Porte Narbonnaise (côté ouest et sud de l'enceinte intérieure) on trouve la poterne Saint-Nazaire; entre les tours 44 et 45, une poterne communiquant à un escalier à vis, et entre les tours 50 et 52 une construction saillante n° 51 communiquant à de vastes souterrains.

De plus, il existe une poterne mettant les Lices en communication avec le fossé, à l'angle de rencontre de la courtine de droite avec le donjon de la Vade n° 18. Il y avait une poterne au côté droit de la grosse tour n° 4 de l'enceinte extérieure. Il existait une autre poterne, très relevée au-dessus de l'escarpement, percée dans le mur extérieur de la porte de l'Aude et la poterne encore ouverte dans l'angle de la tour 15. En ajoutant à ces issues la Grande Barbacane du Château n° 8, on voit que la garnison pouvait faire des sorties et se mettre en communication avec les dehors, sans ouvrir les deux portes principales de l'Aude et Narbonnaise.

Machines de jet. — Les « *machines de jet* », les engins dont les assaillants disposaient à cette époque pour battre du dehors des murailles, comme celles de la Cité de Carcassonne, ne pouvaient produire qu'un effet très médiocre, vu la solidité des ouvrages et l'épaisseur des merlons; car l'artillerie à feu seule pourrait les entamer. Restaient la « *sape* », la « *mine* », le « *bélier* » et tous les engins qui obligeaient l'assaillant à se porter au pied même des défenses. Or il était difficile de se loger et de saper sous ces « *hourds* » puissants qui vomissaient des projectiles. La « *mine* » n'était guère efficace ici, car toutes les murailles et tours sont assises sur le roc.

Hourds et Mâchicoulis de bois. — Les trous carrés, destinés au passage des solives en bascule qui supportaient les « *hourds* » sont tous intacts et disposés de telle sorte que, du dedans, on pouvait, en très peu de temps, établir ces ouvrages de bois dont la couverture se reliait à celle des combles à demeure. En effet, on conçoit facilement qu'avec le système de créneaux et de meurtrières pratiqués dans les couronnements de pierre, il était impossible d'empêcher des assaillants nombreux et hardis, protégés par des « *pavois* » et même par des *chats* (sortes de chariots recouverts de madriers et de peaux) de saper le pied des tours, puisque des meurtrières, malgré la forte inclinaison de leur coupe, il est impossible de voir le pied des tours ou courtines, et que, par les créneaux, à moins de sortir la moitié du corps en dehors de leur ventrière, on ne pouvait non plus viser un objet placé au pied de l'escarpe. Il fallait donc établir une défense continue, couverte et permettant à un grand nombre de défenseurs de battre le pied de la muraille ou des tours par le jet de pierres ou de projectiles de toute nature (voir figure 13, page 95).

Non seulement les « *hourds* » remplissaient cet objet, mais ils laissaient aux défenseurs toute la liberté de leurs mouvements, les chemins de rondes au dedans des créne-lages étant réservés à l'approvisionnement des projectiles et à la circulation.

D'ailleurs si ces hourds étaient percés, outre le mâchi-nicoulis continu, de meurtrières, les meurtrières prati-quées dans les merlons de pierre restaient démasquées dans leur partie inférieure et permettaient aux arbalétriers postés au dedans du parapet sur ce chemin de ronde de lancer des traits sur les assaillants. La défense était donc aussi active que posible et le manque de projectiles devait seul laisser quelque répit à l'attaque.

On ne doit donc pas s'étonner si, pendant des sièges mémorables, après une défense prolongée, les assiégés en étaient réduits à découvrir leurs maisons, à démolir les murs de clôture des jardins, à dépaver les rues, pour garnir les hourds de projectiles et forcer les assaillants à s'éloigner du pied des tours et murailles.

Au XIII⁺ siècle, la *Montagne-Noire* et les rampes des Pyrénées étaient couvertes de forêts; on a donc pu faire grand usage de ces matériaux si communs alors dans les environs de Carcassonne.

Les couronnements des deux enceintes de la Cité, cour-tines et tours, sont tous percés de ces trous carrés traver-sant à distances égales le pied des parapets au niveau des chemins de ronde. Les étages supérieurs des tours et de larges hangars établis en dedans des courtines, comme nous le dirons tout à l'heure, servaient à approvisionner ces bois qui devaient toujours être disponibles pour mettre la ville en état de défense.

Sur le front sud-est, les *hourds* présentaient en temps de guerre une ligne non interrompue, car ceux des courtines se relient à ceux des tours au moyen de quelques marches. Cela était nécessaire pour faciliter la défense et ne pouvait avoir d'inconvénients, dans le cas où l'assiégeant se serait emparé d'une portion de ces hourds, car il était facile de les couper en un instant et d'empêcher l'ennemi de profiter de cette coursière extérieure continue pour s'emparer successivement des étages supérieurs des tours. L'assiégé, obligé d'abandonner une portion de ces hourds, pouvait lui-même y mettre le feu, sacrifier au besoin une tour ou deux, et se retirer dans les postes éloignés du point tombé au pouvoir de l'ennemi, en coupant les planchers de bois derrière lui.

Les tablettes de pierre des chemins de ronde des courtines élevées sous Philippe le Hardi sont supportées à l'intérieur pour augmenter la largeur de la coursière, du côté du sud et du sud-est, depuis la tour de l'Evêque (n° 11) jusqu'à la porte Narbonnaise (n° 20), par des « *Corbeaux de pierre* ». Il existe, entre ces corbeaux, des trous carrés très profonds ménagés dans la construction à intervalles égaux. Ces trous étaient destinés à loger des solives horizontales dont l'extrémité pouvait, au besoin, être soulagée par des poteaux. Sur ces solives on établissait un plancher continu qui élargissait d'autant le chemin de ronde à l'intérieur et formait une saillie fort utile pour l'approvisionnement des hourds, pour la mise en batterie de « *pierrières* » et « *trébuchets* », et pour disposer au pied des remparts, sur le terre-plein de la ville, des magasins, des abris pour un supplément de garnison.

Les combles qui couvraient les hourds venaient très probablement couvrir ce supplément de coursières. On conçoit combien ces larges espaces, ménagés à la partie supérieure des courtines, devaient faciliter la défense. Et il faut noter ici que cette disposition n'existe que dans la partie des défenses qui était le moins protégée par la nature du terrain et contre laquelle, par conséquent, l'assaillant devait réunir tous les efforts et pouvait organiser une attaque en règle.

Ces précautions eussent été inutiles là où l'ennemi ne pouvait se présenter qu'en petit nombre par suite des escarpements de la colline. Du « *côté méridional* », l'ennemi, en supposant qu'il se fût emparé de l'enceinte extérieure, pouvait combler une partie des fossés, détruire un pan de mur de l'enceinte extérieure et faire approcher de la muraille intérieure, sur un plan incliné, un de ces « *beffrois de charpente* » recouverts de peaux fraîches pour les garantir du feu et au moyen desquels on se jetait de plain-pied sur les chemins de ronde supérieurs. On ne pouvait résister à une semblable attaque, qui réussit maintes fois, qu'en réunissant, sur le point attaqué, un nombre de soldats supérieur aux forces des assiégeants. Comment l'aurait-on pu faire sur ces étroits chemins de ronde? Les hourds brisés, les merlons entamés par les machines de jet, les assiégeants se précipitant sur les chemins de ronde, ne trouvaient devant eux qu'une rangée de défenseurs acculés à un précipice et ne présentant qu'une ligne sans profondeur à cette colonne d'assaut sans cesse renouvelée! Avec ce supplément de chemin de ronde qu'on pouvait élargir à volonté, il était possible d'opposer à l'assaillant une résistance solide, de le culbuter et de s'emparer même du « beffroi ».

D'un autre côté, les assiégeants cherchaient à mettre le feu à ces hourds de bois qui rendaient le travail des sapeurs impossible ou à les briser à l'aide des pierres lancées par les mangonneaux ou les trébuchets. Et cela ne devait pas être très difficile, surtout lorsque les murailles n'étaient pas fort élevées.

Mâchicoulis de pierre. — Aussi, dès la fin du XIIIᵉ siècle, on se mit à garnir les murailles et tours de « *mâchicoulis de pierre* » portés sur des consoles, ainsi qu'on peut le voir à Beaucaire, à Avignon et dans tous les Châteaux forts ou Enceintes des XIVᵉ et XVᵉ siècles (1).

A Carcassonne, le « *mâchicoulis de pierre* » *n'apparaît nulle part*, et partout, au contraire, on trouve les trous des hourds de bois dans les fortifications du Château, qui datent du commencement du XIIᵉ siècle, aussi bien que dans les ouvrages de Louis IX et de Philippe le Hardi.

C'est dans ces détails de la défense pied à pied qu'apparaît l'art de la fortification du XIᵉ au XVᵉ siècle. En examinant avec soin, en étudiant scrupuleusement, et dans les moindres détails, les ouvrages défensifs de ces temps, on comprend ces récits d'attaques gigantesques que nous sommes trop disposés à taxer d'exagération. Devant des moyens de défense si bien prévus, si ingénieusement combinés, on se figure sans peine les travaux énormes des assiégeants, les *beffrois mobiles,* les *estacades* et *bastilles terrassées,* les *engins de sape roulants,* tels que *chats* et *galeries,* ces *travaux de mine* qui demandaient un temps considérable, lorsque la poudre à canon n'était point en usage dans les armées. Avec une garnison déterminée et bien approvisionnée on pouvait prolonger un siège indéfiniment. Aussi n'est-il pas rare de voir une bicoque résister pendant des mois à une armée nombreuse. De là, souvent, cette audace et cette insolence du faible contre le fort et le puissant, cette habitude de la résistance individuelle qui faisait le fond du caractère de la féodalité, cette énergie qui a produit de si grandes choses et un si grand développement intellectuel au milieu de tant d'abus. _

(1) Au château de Coucy, bâti au commencement du XIIIᵉ siècle, on voit naître les mâchicoulis de pierre destinés à remplacer les hourds de bois. Là, ce sont déjà de grandes consoles de pierre qui portaient le hourd de bois.

Volets à rouleaux. — En temps ordinaire les *couronnements de pierre* pouvaient suffire, et l'on voit encore comment, dans les étages supérieurs des tours, les créneaux étaient garnis de *Volets à rouleaux*: sortes de sabords, manœuvrant sur un axe de bois posé sur deux crochets en fer; volets qui permettaient de voir le pied des murailles sans se découvrir et qui garantissaient les postes des étages supérieurs contre le vent et la pluie. Les volets inférieurs s'enlevaient facilement lorsqu'on établissait les hourds, car alors les créneaux servaient de communication entre ces hourds et les chemins de ronde ou planchers intérieurs.

Notre figure 2, page 31, explique la disposition de ces volets. La partie supérieure pivotant sur deux gonds fixes demeurait, la partie inférieure était enlevée lorsqu'on posait les hourds.

Meurtrières. — Les « *meurtrières* » ne sont pas percées les unes au-dessus des autres, mais *chevauchées*, ou *vides sur pleins*, afin de battre tous les points de la circonférence de la tour. Ce principe est généralement suivi dans les tours de l'enceinte intérieure et, sans exception, dans les tours de l'enceinte extérieure où les meurtrières jouent un rôle important. En effet, les meurtrières percées dans les étages des tours ne pouvaient servir que lorsque l'ennemi était encore éloigné des remparts; on conçoit dès lors qu'elles aient été pratiquées plus nombreuses et disposées avec plus de méthode dans les tours de l'enceinte extérieure.

Anciens logis. — On voit encore, accolés aux *remparts intérieurs*, des *Logis* qui ont été élevés en même temps que les défenses et qui étaient probablement destinés à contenir des postes et des commandants supérieurs. Ces restes sont apparents: à la Porte Narbonnaise (n° 20), face intérieure de gauche, derrière les tours n°ˢ 51, 52, 48 et 44, à l'intérieur de la Porte de l'Aude et derrière la tour n° 25.

Place imprenable. — On ne doit pas être surpris si, dans ces temps éloignés de nous, certains sièges se prolongeaient indéfiniment. La Cité de Carcassonne était, à la fin du XIII⁰ siècle, avec sa double enceinte et les dispositions ingénieuses de la défense, une *place imprenable* qu'on ne pouvait réduire que par la famine, et encore eût-il fallu, pour la bloquer, une armée nombreuse, car il était aisé à la garnison de garder les bords de l'Aude, au moyen de la grande Barbacane (n° 8 du plan, page 116) qui permettait de faire des sorties avec des forces imposantes et de culbuter les assiégeants dans le fleuve.

Les remparts et les tours présentent surtout un aspect formidable sur les points de l'enceinte où les approches sont relativement faciles, où des escarpements naturels ne viennent pas opposer un obstacle puissant à l'assaillant. Du côté du nord-est, de l'est et du sud, là où le plateau qui sert d'assiette à la Cité est à peu près de plain-pied avec la campagne, de larges « *fossés* » protègent la première enceinte.

Palissades. — Il est vraisemblable que les extrémités de ces fossés, ainsi que les avancées des portes, étaient défendues par des « *palissades* » extérieures, suivant les habitudes de l'époque. Ces palissades étaient munies de barrières ouvrantes.

IV. — EFFECTIF DE LA GARNISON

Nous avons fait le calcul du nombre d'hommes strictement nécessaire pour défendre la Cité de Carcassonne.

L'enceinte extérieure de la Cité de Carcassonne possède 14 tours; en les supposant gardées chacune par 20 hommes, cela fait .... 280 hommes

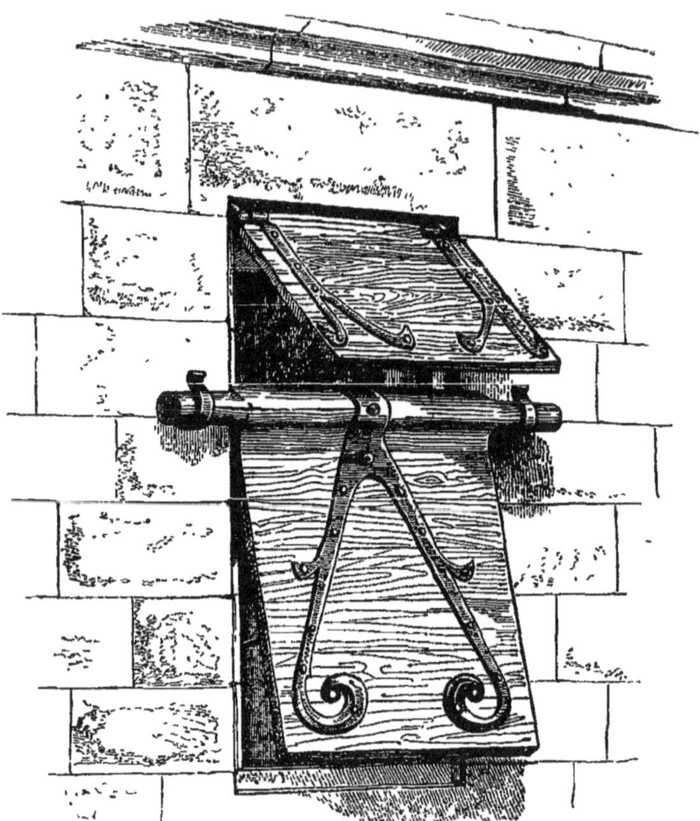

Fig. 2.

Volets a rouleaux

Vingt hommes dans chacune des trois barbacanes .... 60 hommes

Pour servir les courtines sur les points attaqués .... 100 —

L'enceinte intérieure comprend 24 tours à 20 hommes par poste; en moyenne. ... 480 —

Pour la porte Narbonnaise............ 50 —

Pour garder les courtines............ 100 —

Pour la garnison du château.......... 200 —

1.270 hommes

Ajoutons à ce nombre d'hommes les capitaines, un par poste ou par tour, suivant l'usage .... 53 —

1.323 hommes

Il s'agit ici des combattants seulement; mais il faut ajouter à ce chiffre les servants, les ouvriers qu'il fallait avoir en grand nombre pour soutenir un siège : soit au moins le double des combattants. Ce nombre, à la rigueur, était suffisant pour opposer une résistance énergique à l'ennemi, dans une place aussi bien fortifiée.

Les deux enceintes n'avaient pas à se défendre simultanément, et les hommes de garde, dans l'enceinte intérieure, pouvaient envoyer des détachements pour défendre l'enceinte extérieure. Si celle-ci tombait au pouvoir de l'ennemi, ses défenseurs se réfugiaient derrière l'enceinte intérieure. D'ailleurs, l'assiégeant n'attaquait pas tous les points à la fois. Le périmètre de l'enceinte extérieure est de 1.400 mètres sur les courtines; donc c'est environ un combattant par mètre courant qu'il fallait compter pour composer la garnison d'une ville fortifiée comme la Cité de Carcassonne.

DÉFENSES DE LA PORTE D'AUDE.

Phot. Michel Jordy.

Défenses de la Porte d'Aude.

DEUXIÈME PARTIE

GUIDE TOPOGRAPHIQUE
DU VISITEUR

GUIDE TOPOGRAPHIQUE
DU VISITEUR

La visite de la merveilleuse ville fortifiée qu'est la Cité de Carcassonne demande plusieurs heures. Le touriste qui veut apprendre ou revivre, au milieu des plus pures sensations d'art, les vingt siècles passés de l'Histoire à tous les points de vue — militaire, religieux, artistique, social — doit consacrer au moins une journée à cette visite.

Visiter successivement :

1° L'enceinte extérieure (les Lices) ;

2° L'enceinte intérieure (sur les Remparts) ;

3° Le Château Comtal et son musée ;

4° La Cathédrale Saint-Nazaire (le Bijou de la cité) ;

5° L'intérieur de la vieille ville (rues, maisons anciennes, puits, etc.).

Ne pas quitter la Cité sans avoir vu en détail chacune de ces cinq parties qui sont toutes des plus intéressantes et se complètent l'une par l'autre.

Voici le nom des tours des deux enceintes en se rapportant aux numéros inscrits sur le Plan général, page 116.

ENCEINTE EXTÉRIEURE

ENCEINTE INTÉRIEURE

CHATEAU

I. — ENCEINTE EXTÉRIEURE

L'enceinte extérieure, qui présente un intérêt sérieux et que je regarde comme antérieure de quelques années aux réparations entreprises par Philippe le Hardi, pour améliorer l'enceinte intérieure — et je vais en donner des preuves certaines tout à l'heure — est bâtie en matériaux (grès) irréguliers et disposés sans choix, mais présentant des parements unis, tandis que toutes les constructions de la fin du XIII° siècle sont parementées en pierres ciselées sur les arêtes, et forment des « *bossages rustiques* » qui donnent à ces constructions un aspect robuste et d'un grand effet.

Tous les profils des tours de l'*enceinte intérieure*, réparée par Philippe le Hardi, sont identiques; les culs-de-lampe des arcs des voûtes et les quelques rares sculptures, telles, par exemple, que la statue de la Vierge et la niche placées au-dessus de la Porte Narbonnaise, appartiennent incontestablement à la fin du XIII° siècle.

Dans ces constructions, les matériaux sont de même nature, provenant des mêmes carrières et le mode d'appareil uniforme; partout on rencontre ces « *bossages* », aussi bien dans les parties complètement neuves, comme celles de l'ouest, du sud-ouest et de l'est, que dans les portions complétées ou restaurées, sur les constructions visigothes et du XII° siècle. Les moulures sont finement taillées et déjà maigres, tandis que l'enceinte extérieure présénte dans ses meurtrières, ses portes et ses corbeaux, de profils très simples et larges. Les clefs des voûtes de la tour n° 18 (tour de la Vade ou du Papegay) sont ornées de figures sculptées présentant tous les caractères de l'imagerie du temps de Saint Louis.

De plus, entre la tour n° 7 et l'Echauguette de l'ouest, le parapet de la courtine a été exhaussé, en laissant toutefois subsister les *merlons* primitifs ainsi englobés dans la maçonnerie surélevée, afin de donner à cette courtine, jugée trop basse, un commandement plus considérable.

Or, cette surélévation est construite en pierres avec bossages, les créneaux sont plus espacés, l'appareil beaucoup plus soigné que dans la partie inférieure et parfaitement semblable, en tout, à l'appareil des constructions de 1280.

La différence entre les deux constructions peut être constatée par l'observateur le moins exercé: donc, la partie inférieure étant semblable, comme procédés de structure, à tout le reste de l'enceinte extérieure, et la surélévation conforme, comme appareil, à toutes les constructions dues à Philippe le Hardi, l'enceinte extérieure a été évidemment élevée avant les restaurations et les adjonctions entreprises par le fils de Louis IX.

1. BARBACANE DE LA PORTE NARBONNAISE. — *Ouvrage avancé destiné à défendre l'accès de la Porte Narbonnaise (n° 20). Crénelage hourdé avec*

chemin de ronde; huit larges meurtrières au rez-de-chaussée. A remarquer la 1re meurtrière à gauche, modifiée pour l'usage du « mousquet ». Cette adaptation se trouve aussi aux Tours 15, 16, 17.

2. TOUR DE BÉRARD. — *Flanque l'angle nord-est. Ronde du côté des « Fossés », carrée sur la face des « Lices ». Deux étages avec bandeaux intérieurs continus pour recevoir des planchers mobiles. Crénelage avec chemin de ronde. Escalier à angle droit conduisant à l'étage inférieur défendu par cinq meurtrières. La partie supérieure est ouverte sur la façade des « Lices ».*

3. TOUR DE BÉNAZET. — *Circulaire à l'intérieur; fermée par un mur plat, avec lucarne, à la hauteur des « Lices », deux étages sur cave.* Cette tour, comme plusieurs autres, interrompt le chemin de ronde et concourt à la défense en isolant l'assaillant entre deux tours.

4. BARBACANE NOTRE-DAME. — *Demi-circulaire défendant la* Porte de Rodez; *large chemin de ronde crénelé et hourdé; au-dessous ligne de neuf meurtrières; poterne au côté droit donnant accès dans les fossés. Le crénelage a été modernement exhaussé. Dans l'angle extérieur sud-est, traces d'une ancienne meurtrière.*

5. TOUR DE MOURETIS; 6. TOUR DE LA GLACIÈRE. — *Cylindriques à l'intérieur, avec chemin de ronde crénelé et hourdé; étages séparés et rendus indépen-*

dants, par un plancher en bois, facile à enlever ou à détruire. Ces deux tours sont à peu près construites sur le modèle de la Tour 7, dite de la Porte Rouge.

7. TOUR DE LA PORTE ROUGE. — Cette tour possède deux étages au-dessous du crénelage. La figure 3 en donne les plans à chacun de ces étages. Comme le terrain s'élève sensiblement de *a* en *b*, les deux chemins de ronde des courtines ne sont pas au même niveau; le chemin de ronde *b* est à 3 mètres au-dessus du chemin de ronde *a*.

En A est tracé le plan de la tour au-dessous du terre-plein; en B, au niveau du chemin de ronde *d*; en C, au niveau du crénelage de la tour qui arase le crénelage de la courtine *e*. On voit en *d* la porte qui, s'ouvrant sur le chemin de ronde, communique à un degré qui descend à l'étage inférieur A, et en *e*, la porte qui, s'ouvrant sur le chemin de ronde d'amont, communique à un degré qui descend à l'étage B. On arrive, du dehors, au crénelage de la tour par le degré *g*. De plus, les deux étages A et B sont mis en communication entre eux par un escalier intérieur *h h'*, pris dans l'épaisseur du mur de la tour. Ainsi les hommes postés dans les deux étages A et B sont seuls en communication directe avec les deux chemins de ronde des courtines. Si l'assaillant est parvenu à détruire les hourds et le crénelage supérieur, et si, croyant avoir rendu l'ouvrage indéfendable, il tente l'assaut de l'une des courtines, il est reçu de flanc par les

La Porte Narbonnaise.
Entrée principale de l'Est.

La Porte Narbonnaise.
Entrée principale de l'Est.

Phot. Michel Jordy.

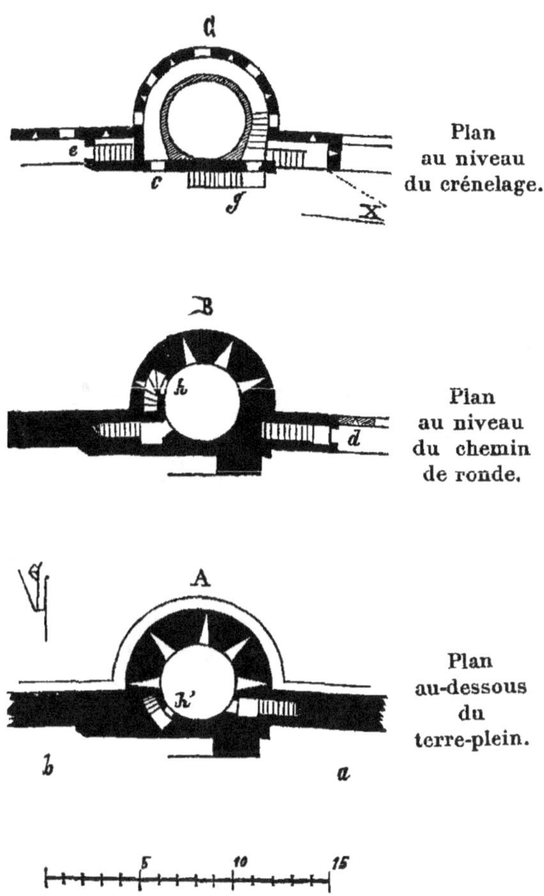

Fig. 3.

Tour de la Porte Rouge (n° 27).

6

postes établis et demeurés en sûreté dans les étages inférieurs, lesquels étant fortement blindés, n'ont pu être écrasés par les projectiles des pierrières ou rendus inhabitables par l'incendie du comble et

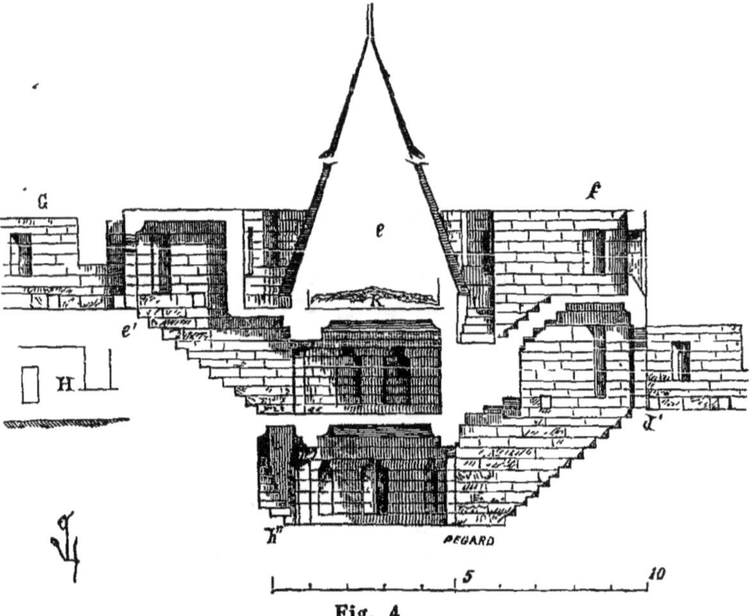

Fig. 4.

TOUR DE LA PORTE ROUGE (n° 7). Coupe longitudinale

des hourds. Une coupe longitudinale faite sur les deux chemins de ronde, de *e* en *d*, permet de saisir cette disposition (fig. 4). On voit en *e'* la porte de l'escalier *e*, et en *d'* la porte de l'escalier *d* du plan. Cette dernière porte est défendue par une échauguette *f*, à laquelle on arrive par un degré de six marches. En *h″* commence l'escalier qui met en communication les deux étages A et B. Une couche de terre posée en *k* empêche le feu, qui pourrait être mis au comble *l* par les assiégés, d'endommager le plancher supérieur. La figure 5 donne la coupe de cette tour suivant l'axe perpendiculaire au front. En *d″* est la porte donnant sur l'escalier *d*. Les hourds sont posés en *m*. En *p* est tracé le profil de l'escarpement avec le prolongement des lignes de tir des deux rangs de meurtrières des étages A et B. Il n'est pas besoin de dire que les hourds battent le pied *o* de la tour.

Une vue perspective (fig. 6), prise des Lices (point *x* du plan C, fig. 3), fera saisir les dispositions intérieures de cette défense.

Les approvisionnements des hourds et chemins de ronde de la tour se font, par le créneau *c* du plan C, au moyen d'un palan et d'une poulie, ainsi que le fait voir le tracé perspectif (fig. 6). Ici la tour ne commande que l'un des chemins de ronde (voyez la coupe, figure 4). Lors de la construction sous Saint Louis. elle commandait les deux courtines: mais sous Philippe le Hardi, lorsqu'on termina les défenses de la Cité, on augmenta, ainsi qu'on l'a vu plus haut, le relief de quelques-unes des courtines de l'enceinte extérieure qui ne paraissaient pas avoir un commandement assez élevé. C'est à cette époque que le crénelage G fut remonté au-dessus de l'ancien crénelage *H*, sans qu'on ait pris la peine de démolir celui-ci; de sorte qu'extérieurement ce premier crénelage H reste englobé dans la maçonnerie surélevée. En effet, le terrain

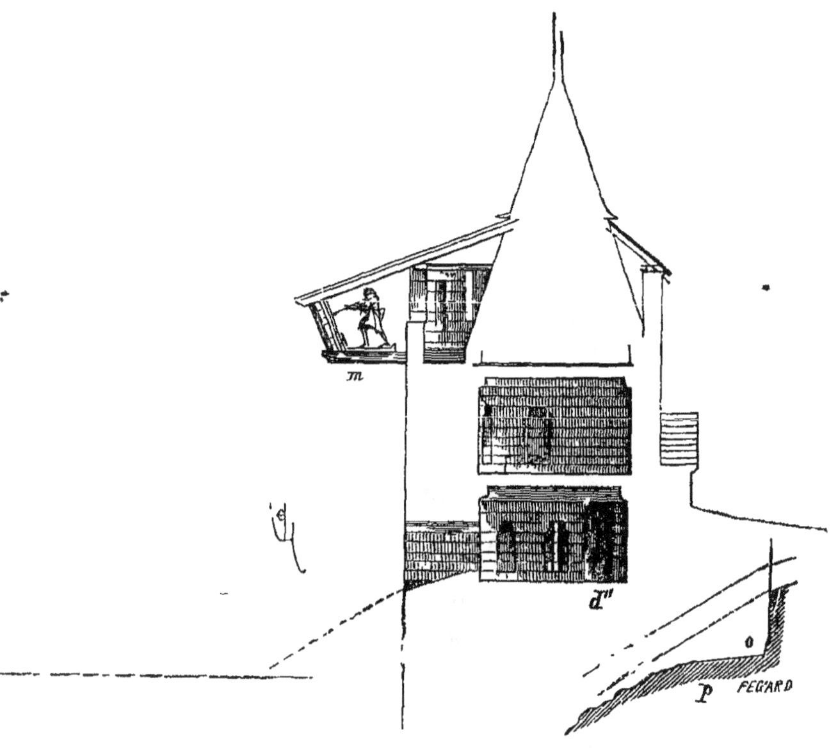

Fig. 5.

TOUR DE LA PORTE ROUGE (n° 7).
Coupe suivant l'axe perpendiculaire au front.

extérieur s'élève comme le terrain des Lices de *a* en *b* (voyez les plans), et les ingénieurs, ayant cru

Fig. 6.

TOUR DE LA PORTE ROUGE (n° 7). Vue perspective.

devoir adopter un commandement uniforme des courtines sur le dehors, aussi bien pour l'enceinte extérieure que pour l'enceinte intérieure, on régularisa, vers 1285, tous les reliefs. Il faut dire aussi qu'à cette époque on ne donnait plus guère un commandement important aux tours sur les courtines qu'aux saillants, ou sur quelques points où il était utile de découvrir les dehors au loin.

Pour les grands fronts, les tours flanquantes n'ont, sur les courtines, qu'un faible commandement, et cette disposition est observée pour le grand front sud-est de l'enceinte intérieure de la Cité, réparé et couronné par Philippe le Hardi.

La disposition de cette tour de l'enceinte extérieure que nous venons de donner est telle, que *cet ouvrage ne pouvait se défendre contre l'enceinte intérieure;* car, non seulement cette tour est dominée de beaucoup, mais elle est, du côté des Lices, nulle comme défense.

La Courtine (*entre la Tour 7 et la petite Echauguette nord-ouest) a été bâtie sous Saint Louis et exhaussée par Philippe le Hardi sur l'ancien crénelage. Le sol des « Lices » a été aussi exhaussé sur ce point. La porte murée visible à l'intérieur de la Tour 7 communiquait avec la courtine primitive (voir explications détaillées sur ces travaux page 38).*

La petite Echauguette nord-ouest, *commande l'angle nord-ouest. Crénelée. Deux mâchicoulis.*

Voir de ce point la belle ligne des remparts protégeant le château et le passage crénelé à chicanes. (La Grande Caponnière, p. 100) *qui menait à la Grande Barbacane,* n° 8.

8. GRANDE BARBACANE *extérieure du Château.* (*Voir le Château,* p. 97).

9. AVANT-PORTE DE L'AUDE. — *Première barrière défendant l'accès de la Cité du côté de la rivière. Profusion d'obstacles et de détours obligeant l'assaillant à se démasquer. Sous le passage, voûté, se trouve une ancienne Citerne.* (*Voir* Citerne de la Porte de l'Aude, Intérieur de la Cité).

Au XVIII° *siècle ce passage fut comblé et transformé en place publique. On l'appelait « Belle Vue », puis « Place de la Liberté ». C'est là que le 20 novembre 1793 furent brûlés solennellement les archives et tous les documents précieux pour l'Histoire de la Cité.*

10. TOUR DU PETIT CANISOU. — *Demi-ronde fermée à la gorge au rez-de-chaussée. Chemin de ronde et crénelage au premier étage. Commande la montée de la Porte-d'Aude.*

11. TOUR DE L'ÉVÊQUE. — A cheval sur les « Lices », commande les deux enceintes et pouvait sur ce front, couper la communication entre la partie sud et la partie nord des Lices. Toutefois, les deux arcs jetés sur le passage, entre les deux enceintes, n'étaient défendus que par deux mâchi-

coulis intérieurs et par un mâchicoulis percé au milieu de la voûte. On ne trouve pas trace de gonds indiquant la présence de vantaux de porte, mais seulement des entailles qui font supposer qu'en temps de guerre des barrières de bois fermaient ces ouvertures et interceptaient les communications.

Cette tour, dont l'Evêque avait la jouissance, sauf le chemin de ronde supérieur, est fort belle, admirablement construite, fièrement plantée sur les deux enceintes dont elle rompt l'uniformité. De même qu'elle coupait la communication sur les Lices, elle interrompait aussi le chemin de ronde supérieur des courtines, car, pour aller de la courtine nord à la courtine sud, il fallait traverser cette tour et forcer deux portes. Les escaliers intérieurs sont disposés de façon à ce que l'accès aux crénelages soit indépendant de l'accès aux deux salles voûtées, dont l'évêque avait la jouissance.

En examinant le plan général (page 116, fig. 16), nous voyons en bas de l'escarpement de la Cité, devant les tours 11 et 12 à l'ouest, une muraille qui défendait le faubourg de la Barbacane. Cette muraille date du xiiie siècle, et elle fut certainement élevée pour empêcher l'ennemi de se loger comme l'avait fait Trencavel, entre l'Aude et la Cité. Cette muraille est à portée d'arbalète des tours 11, 12 et 40 et est commandée par celles-ci. Il était donc fort difficile d'arriver, en descendant la rive droite de l'Aude, jusqu'à la Barbacane, malgré la garnison de la Cité.

12. TOUR DU GRAND-CANISOU. — *Mêmes disposi-*
tions que la tour 10. On voit encore, en dehors de
cette partie de l'enceinte extérieure, à côté de la
tour 12, les orifices de l'égout que le roi Philippe
le Hardi avait fait construire à travers la muraille
élevée par son ordre, pour rejeter au dehors les
eaux de l'Evêché (voir p. 80, Courtine entre les
tours 39 et 40).

13. TOUR DU GRAND BRULAS. — *Ouvrage impor-*
tant, à bec saillant, destiné à défendre l'angle sud-
ouest. Il avait été bâti avec un soin tout particulier.

14. TOUR D'OURLIAC. — *Interrompt la poursuite*
sur le chemin de ronde grâce à deux portes faciles
à obstruer. L'escalier extérieur, pouvant être inter-
cepté, conduit au crénelage hourdé. Un deuxième
escalier, dans l'épaisseur du mur, dessert spéciale-
ment le premier étage à plancher mobile.

15. TOUR CRÉMADE (Barbacane de la Poterne
Saint-Nazaire). — A côté de cette Barbacane, est
une Poterne basse et étroite, donnant dans le fossé
peu profond sur ce point. Cette poterne, en cas
de siège, pouvait être murée facilement puisqu'il
n'y avait qu'à remplir l'escalier roide qui, du seuil
de cette poterne, monte aux Lices. Le large diamètre
de la tour de la Crémade en fait une Barbacane
propre d'ailleurs à protéger des sorties ou des partis
rentrants. Cette tour n'était point couverte, comme
les autres, par un comble, et est en communication

7

directe avec le chemin de ronde des courtines dont elle n'est, pourrait-on dire, qu'un appendice flanquant.

Quant à la tour Saint-Nazaire n° 43, il était impossible à des assiégeants postés en dehors de l'enceinte extérieure de supposer qu'elle fût munie d'une poterne.

16. Tour Cautieres. 17. Tour Pouléto. — *Réalisent à peu près le système de défense offert déjà par la Tour 14.*

Courtine, *entre les tours 16 et 17.* — *Dans l'angle extérieur nord de cette muraille était percée une poterne, aujourd'hui murée, faisant communiquer les* Lices *avec l'extérieur.*

L'Echauguette, *entre les tours 17 et 18, flanque l'angle avancé de la courtine et commande les fossés. Des trous de* « hourds » *permettaient de l'armer en temps de guerre.*

18. Tour de la Vade ou du Papegay. — Bien qu'elle appartienne à l'enceinte extérieure, cette tour est une sorte de réduit, un donjon avancé, absolument indépendant, dominant tout le plateau de ce côté, occupé, avant le règne de Saint Louis, par un faubourg.

Trois étages spacieux, voûtés en ogive, clefs des voûtes ornées de figures sculptées présentant les caractères de l'imagerie du temps de Saint Louis. Abrite un puits et un four à cuire le pain. Ancien logement de la compagnie dite des *Mortes-Payes,*

instituées par Louis IX pour veiller à la sauve-
garde perpétuelle de la cité (voir p. 9, Historique).

*La liaison avec l'enceinte supérieure, soit pour
le ravitaillement, soit pour le changement de gar-
nison, était facilitée par la* Poterne *ogivale, avec
herse, visible dans l'angle ouest de la tour Bal-
thazar (n° 48) lui faisant face.*

Courtine, entre les tours 18 et 19. — Il existe dans
cette muraille une poterne mettant les *Lices* en
communication, au moyen d'un escalier à vis, avec
le fossé, à l'angle de rencontre de la courtine nord
avec le donjon de La Vade (n° 18).

19. TOUR DE LA PEYRE. — Cette tour, comme la
plupart de celles dépendant de cette enceinte, est
ouverte du côté de la ville dans la partie supé-
rieure de manière à ne pouvoir servir de défense
contre les remparts intérieurs, et afin que, du che-
min de ronde supérieur, on puisse donner des
ordres aux hommes postés dans cette tour. Le
milieu de cette tour, comme de toutes celles de
l'enceinte extérieure, à l'exception des Barbacanes,
était couvert par un comble, mais le chemin de
ronde crénelé était à ciel ouvert en temps de paix
et pouvait être garni de hourds en temps de siège.

Ces combles à demeure portaient sur le bahut
intérieur du chemin de ronde.

La figure 7 donne la coupe de cette tour de la
Peyre.

En M est tracé le profil d'ensemble de cet ou-

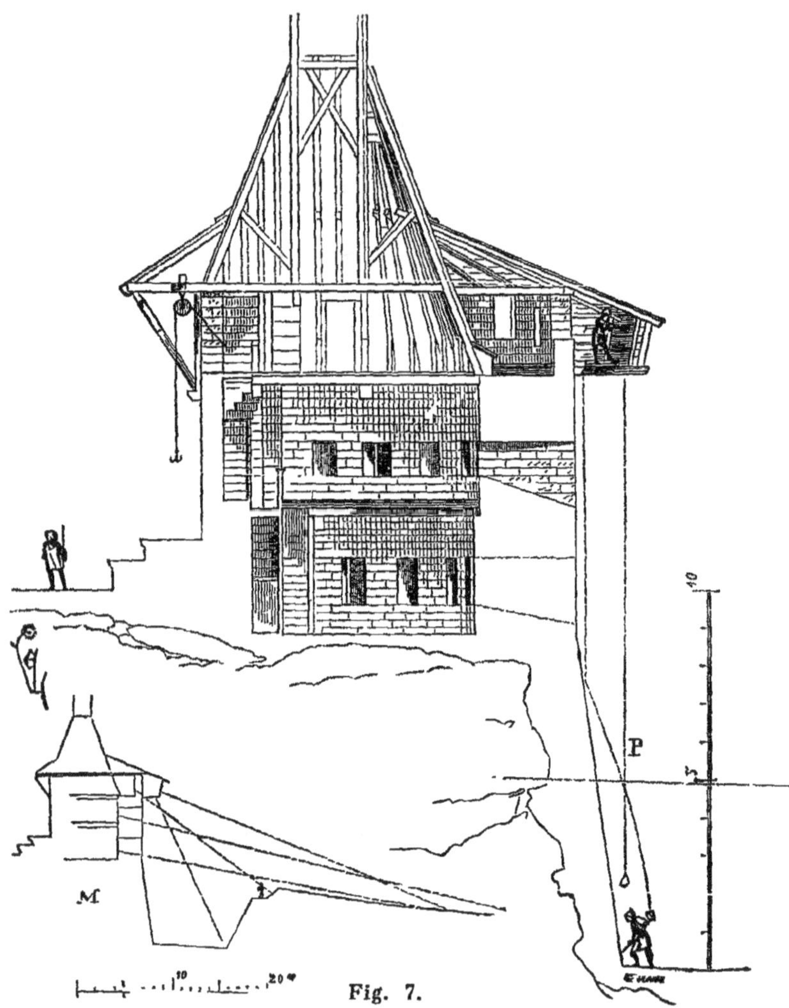

Fig. 7.

Tour de la Peyre (n° 19). Coupe.

vrage avec le fossé, la crête de la contrescarpe et le sol extérieur formant glacis. On voit comme les meurtrières sont disposées pour couvrir de projectiles rasants ce glacis, et de projectiles plongeants,

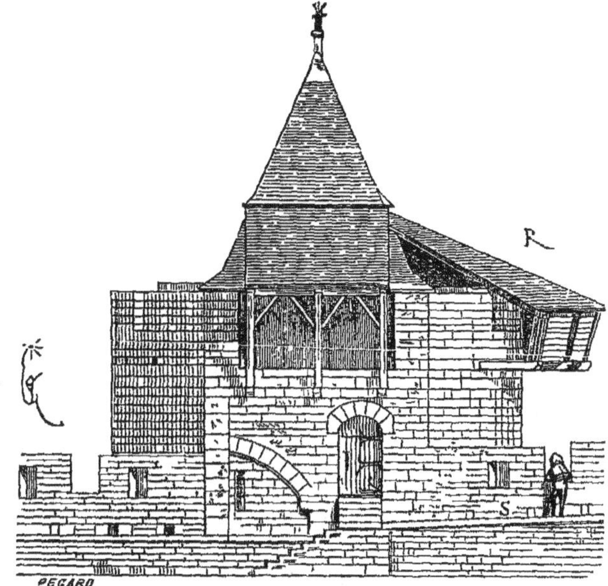

Fig 8.
TOUR DE LA PEYRE (n° 19). Tracé général.

la crête et le pied de la contrescarpe. Quant à la défense rapprochée, il y est pourvu par les mâchicoulis et des hourds, ainsi qu'on le voit en P.

La figure 8 donne le tracé général de cette tour du côté intérieur, les hourds n'étant supposés montés que du côté R.

II. — ENCEINTE INTÉRIEURE

C'est pendant la domination des Visigoths que fut bâtie *l'Enceinte Intérieure* sur les débris des fortifications romaines.

En effet, la plupart des Tours Visigothes encore debout sont assises sur des *Substructions romaines* qui semblent avoir été élevées hâtivement, probablement au moment des invasions franques. Les bases des « *tours visigothes* » sont carrées ou ont été grossièrement arrondies pour recevoir les défenses du vᵉ siècle.

Du côté méridional de l'enceinte on remarque des soubassements de tours élevées au moyen de blocs énormes, posés à joints vifs et qui appartiennent certainement à l'époque de la décadence de l'Empire.

Quoi qu'il en soit, il est encore facile aujourd'hui de suivre toute l'enceinte des Visigoths (voir le plan général, page 99, fig. 14) [1]. Cette enceinte affectait une forme ovale avec une légère dépression sur la face occidentale, suivant la configuration du plateau sur lequel elle est bâtie. Les tours, espacées entre elles de 25 à 30 mètres environ, sont cylindriques à l'extérieur, terminées carrément du côté de la ville et réunies entre elles par de hautes courtines (fig. 9, page 55). Toute la

(1) Des fouilles nous ont permis de reconnaître les fondations de cette enceinte sur les points où elle a été supprimée, à la fin du xiiiᵉ siècle, pour augmenter le périmètre de la Cité.

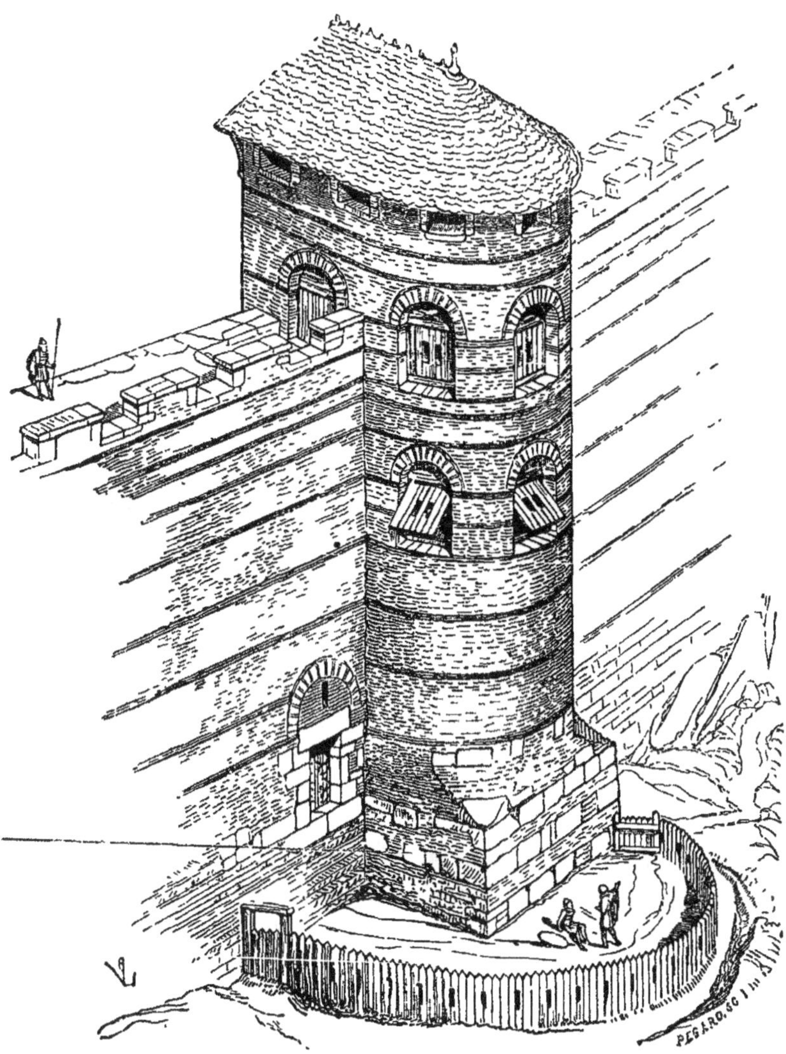

Fig. 9.

construction visigothe est élevée par assises de petits moellons de 0 m. 10 à 0 m. 12 de hauteur environ, avec rangs de grandes briques alternées. De larges baies en plein cintre sont ouvertes dans la partie cylindrique de ces tours, du côté de la campagne, un peu au-dessus du terre-plein de la ville; elles étaient garnies de *volets de bois* (voir page 30) à pivots horizontaux et « *tenaient lieu de meurtrières* ». Le couronnement de ces tours consistait en un crénelage couvert. Des chemins de ronde des courtines on communiquait aux tours par des portes dont les linteaux en arcs surbaissés étaient soulagés par un arc plein cintre en brique. Un escalier de bois mettait à l'intérieur l'étage inférieur en communication avec le crénelage supérieur qui était ouvert du côté de la ville par une arcade percée dans le pignon.

Malgré les modifications apportées au système de défense de ces tours, pendant les xiie et xiii siècles, on retrouve toutes les traces des constructions des Visigoths. Jusqu'au niveau du sol des chemins de ronde des courtines, ces tours sont entièrement pleines et présentent ainsi un massif puissant propre à résister à la *sape* et aux *béliers*.

Les Visigoths, entre tous les peuples barbares qui envahirent l'Occident, furent ceux qui s'approprièrent le plus promptement les restes des arts romains, au moins en ce qui regarde les constructions militaires et, en effet, ces défenses de Carcassonne ne diffèrent pas de celles appliquées à la fin de l'Empire en Italie et dans les Gaules. Ils comprirent *l'importance de la situation de Carcassonne, et ils en firent le centre de leurs possessions dans la Narbonnaise.* L'assiette était donc parfaitement choisie et elle avait été déjà prise par les Romains qui, avant les Visigoths, voulaient se ménager tous les passages de la Narbonnaise en Espagne.

Mais les Romains trouvaient par Narbonne une route plus courte et plus facile pour entrer en Espagne et ils n'avaient fait de Carcassonne qu'une citadelle, qu'un *Castellum,* tandis que les Visigoths, s'établissant dans le pays après de longs efforts, durent préférer un lieu défendu déjà par la nature, situé au centre de leurs possessions de ce côté-ci des Pyrénées, à une ville comme Narbonne, assise en pays plat, difficile à défendre et à garder. Les événements prouvèrent qu'ils ne s'étaient point trompés; en effet, Carcassonne fut leur dernier refuge lorsqu'à leur tour ils furent en guerre avec les Francs et les Bourguignons.

20. TOUR DE LA PORTE NARBONNAISE. — Du côté oriental de la Cité est ouverte l'Entrée principale, la seule accessible aux charrois, c'est la *Porte Narbonnaise* défendue par un fossé et une Barbacane (nº 1). L'entrée est biaise, de façon à masquer la porte de l'ouvrage principal. Un *Châtelet,* qui peut être isolé de la Barbacane, la précède, à cheval sur le *Pont* qui était composé de deux tabliers mobiles en bois, dont les tourillons sont encore à leur place.

Cette Barbacane et le Châtelet sont ouverts à la gorge afin d'être battus par les défenses supérieures de la Porte Narbonnaise, si ces premiers ouvrages tombaient au pouvoir de l'ennemi.

Du « *côté extérieur* », les deux grosses Tours, entre lesquelles est ouverte la Porte, sont renforcées par des *becs*, sortes d'éperons destinés à éloigner l'assaillant du point tangent le plus attaquable, de le forcer à se démasquer, à faire dévier le bélier (*bosson* en langue d'Oïl), ou à présenter une plus forte épaisseur de maçonnerie à la mine.

L'Entrée était d'abord fermée par une « *chaîne* » dont les *attaches* sont encore à leur place et qui était destinée à empêcher des chevaux lancés d'entrer dans la ville (fig. n° 10) (A, page 59). Un *mâchicoulis* protège la première « *herse* » et la première porte en bois avec barres; dans la voûte est percé un second « *mâchicoulis* », puis on trouve un troisième « *mâchicoulis* » devant la seconde « *herse* ». Il n'était donc pas facile de franchir tous ces obstacles. Mais cette entrée était défendue d'une manière plus efficace encore en temps de guerre.

Au-dessus de l'arc de la porte, des deux côtés de la niche occupée par la *Statue de la Vierge*, se voient, sur les flancs de chacune des deux tours, trois entailles proprement faites; les deux voisines de l'angle sont coupées carrément et d'une profondeur de 0 m. 20, la troisième est coupée en biseau comme pour recevoir le pied d'un lien de bois ou d'un chevron incliné.

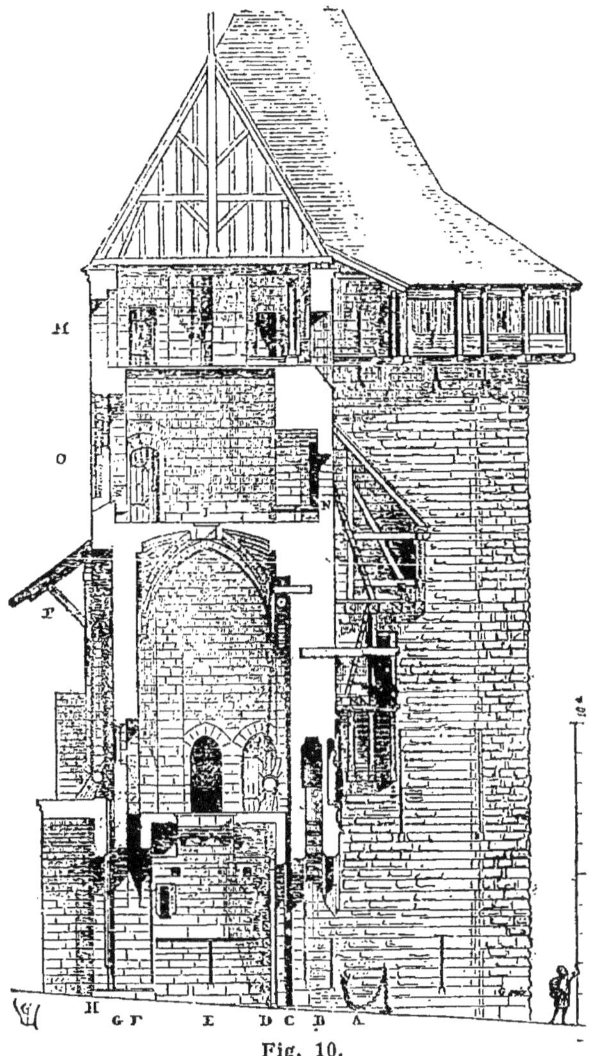

Fig. 10.

TOUR DE LA PORTE NARBONNAISE (n° 20).
Coupe sur l'axe de la Porte.

Au-dessus de la niche de la *Vierge* on remarque trois autres trous carrés profonds, destinés à recevoir des pièces de bois formant une forte saillie. Ces trous recevaient, en effet, les pièces de bois d'un auvent formant une saillie prononcée au-dessus de la porte, protégeant la niche et les gens de garde à l'entrée de la ville.

Cet auvent subsistait en temps de paix; en temps de guerre il servait de « *mâchicoulis* ». A 1 m. 30 au-dessus du faîtage de cet auvent on voit encore, sur les flancs des deux tours, de chaque côté, quatre entailles ou trous carrés au même niveau, les trois premiers au-dessus de ceux servant de points d'appui aux chevrons de l'auvent et le quatrième à 0 m. 60 en avant. Là était établi le plancher du « *deuxième mâchicoulis* ». Une cinquième entaille, faite entre les deux dernières et un peu au-dessus, servait de garde pour recevoir le madrier mobile destiné à protéger les assiégés contre les projectiles lancés du dehors de bas en haut et maintenait, par un système de décharges, tout cet étage supérieur en l'empêchant de basculer.

On ne pouvait communiquer des tours à ces mâchicoulis extérieurs que par une ouverture pratiquée au deuxième étage et par des échelles, de façon à isoler ces mâchicoulis dans le cas où les assaillants s'en seraient emparés. Ces ouvrages de bois étaient protégés par des mantelets percés de meurtrières.

L'assaillant, pour pouvoir s'approcher de la première herse, devait donc affronter une pluie de traits et les projectiles jetés de trois mâchicoulis, deux posés en temps de guerre et un dernier tenant à la construction elle-même.

Ce n'est pas tout: le sommet des tours était garni de « *hourds* » en charpente que l'on posait également en temps de guerre (1).

La coupe ci-contre (fig. 10, p. 59), faite sur l'axe de la porte Narbonnaise, explique les dispositions que nous venons d'indiquer.

Outre la chaîne A (fig. 10), derrière le premier arc plein cintre de l'entrée et entre celui-ci et le deuxième, est ménagé un mâchicoulis B par lequel on jetait les projectiles de droite et de gauche sur les assaillants qui tentaient de briser la première herse C. Les réduits dans lesquels se tenaient les défenseurs sont défilés par un épais garde-fou de pierres.

Le mécanisme des herses est parfaitement compréhensible encore aujourd'hui. Dans la salle qui est au-dessus de l'entrée, on aperçoit, dans les deux pieds-droits de la coulisse de cette première herse, les entailles inclinées dans lesquelles s'engageaient les deux jambettes du treuil tracé sur notre coupe (fig. 10), et les scellements des brides en fer qui maintenaient le sommet de ces jambettes; au niveau du sol, les deux trous destinés à recevoir les cales sur lesquelles reposait la herse une fois levée; sous

---

(1) On a vu que le sénéchal Guillaume des Ormes se félicite d'avoir pu reprendre le faubourg de Graveillant, dans lequel se trouvait une provision de bois qui fut très utile aux assiégés.

l'arc, au sommet du tympan, le trou profond qui recevait la suspension des poulies destinées au jeu des contrepoids et de la chaîne s'enroulant sur le treuil.

Derrière la herse était une porte épaisse à deux vantaux D roulant sur des crapaudines inférieures et des pivots fixés dans un linteau de bois dont les scellements sont intacts. Ces vantaux étaient fortement unis par une barre qui se logeait dans une entaille réservée dans le parement du mur de droite lorsque la porte était ouverte, et par deux autres barres de bois entrant dans des entailles pratiquées dans les deux murs du couloir.

Si l'on pénètre au milieu du passage, on voit dans la voûte s'ouvrir un large trou carré E qui communique avec la salle du premier étage. La grande dimension de ce trou s'explique par la nécessité où se trouvait l'assiégé de pouvoir lancer des projectiles non seulement au milieu, mais aussi contre les parois du passage. La voûte du premier étage est également percée d'un trou carré I, mais plus petit, de sorte que du deuxième étage on pouvait écraser les assaillants qui se seraient emparés de la salle au-dessous ou donner des ordres aux hommes qui l'occupaient.

Des deux côtés de ce large mâchicoulis, au *premier étage*, il existe *deux réduits* profonds qui pouvaient servir de refuge et défiler les défenseurs dans le cas où les assaillants, maîtres du passage, auraient décoché des traits de bas en haut. La largeur de ce mâchicoulis permettait encore de jeter sur l'assiégeant des fascines embrasées, et les réduits garantissaient ainsi les défenseurs contre la flamme et la fumée en leur laissant le moyen d'alimenter le feu. Des *meurtrières* latérales percées dans le passage, au niveau du sol, en E, permettaient aux arbalétriers postés dans les salles du rez-de-chaussée des deux tours d'envoyer à bout portant des « *carreaux* » aux gens qui oseraient s'aventurer entre les deux herses.

De même que devant la herse extérieure C, il existe dans la *salle du premier étage* un deuxième mâchicoulis oblong F destiné à protéger la seconde herse G. Ce mâchicoulis se fermait, ainsi que l'ouverture pratiquée dans le milieu de la voûte du passage, par une trappe dont la feuillure et l'encastrement ménagé dans le mur existent encore. Au moyen d'une petite fenêtre qui éclairait la salle du premier étage, les assiégés, du dedans, pouvaient communiquer des ordres à ceux qui servaient la herse sur le chemin de ronde pratiqué au-dessus de la seconde porte H. Cette seconde herse manœuvrait sous un arc réservé à cet effet; son treuil était en outre protégé par un auvent P maintenu par de forts crochets de fer qui sont encore scellés dans la muraille. Tout le jeu de cette herse est encore visible; ses ferrures sont en place, la herse seule manque.

Les *deux tours* qui flanquent cette entrée sont distribuées de la même manière. Elles comprennent: un étage de caves creusées au-dessous du sol, un rez-de-chaussée percé de meurtrières et voûté avec quatre escaliers pour communiquer au premier étage; un premier étage, également voûté, percé de meurtrières et muni de deux cheminées et de deux fours. Deux des escaliers seulement continuent jusqu'à l'étage supérieur. Les deux autres *n'aboutissent pas* et peuvent tromper ainsi les gens qui ne connaîtraient pas les lieux.

Ces deux tours comprennent encore un deuxième étage couvert autrefois par un plancher portant sur le bord du chemin de ronde. Ce deuxième étage est percé, du côté de la ville, de riches fenêtres ogivales à meneaux O qui ne s'ouvraient que dans la partie inférieure par des volets, tandis que les compartiments de l'ogive étaient vitrés à demeure; ces fenêtres étaient fortement grillées à l'extérieur.

Un troisième étage crénelé recevait la charpente des combles. Cette charpente est divisée en trois pavillons, deux sur les deux tours et un pavillon intermédiaire au-dessus de la porte. Lors de la construction première, rétablie aujourd'hui, ces trois pavillons, aux points de leur rencontre, étaient portés par des poutres entrant dans des entailles pratiquées dans l'assise de la corniche; soit que ces poutres aient fléchi, soit que les eaux des chéneaux mal entretenus les eussent pourries, au XVe siècle, ces combles furent réparés, et, pour les porter, on établit deux grands arcs qui s'arrangeaient fort mal avec la construction du XIIIe siècle, puisque l'un d'eux venait buter dans un des créneaux M et le boucher. Des *chéneaux en pierre* furent posés sur ces arcs et reçurent les pieds du chevron des toitures aux points de leur jonction. Des *gargouilles saillantes* rejetaient les eaux des chéneaux du côté de la campagne. Ces arcs, qui poussaient en dehors le grand mur élevé du côté de la ville, ont dû être enlevés.

Le *chemin de ronde* de la courtine n'est pas interrompu par la Porte Narbonnaise suivant le système ordinaire adopté dans les défenses de cette époque. Il passe du côté de la ville, au-dessus de la porte, et relie les deux courtines de façon cependant à n'être en communication avec la ville que par les escaliers intérieurs des tours et par une seule baie fermée autrefois par deux épais vantaux ferrés. *L'escalier actuel,* qui donne accès à ce chemin de ronde, est moderne et a été élevé par le génie militaire.

COURTINES, *entre les tours 20 et 21.* — Les courtines qui accompagnent la Tour du Trésau sont fort belles. Leur partie inférieure est percée de *meurtrières* au niveau du terre-plein de la ville, sous des arcs plein cintre avec bancs de pierre et leurs merlons, larges, épais sont bien construits.

Le parement intérieur des merlons entre la Tour Narbonnaise et la Tour du Trésau n'est pas vertical, mais élevé en *fruit.* La disposition des hourds explique l'utilité de cette inclinaison du parement intérieur des merlons.

Sur ce point de la défense — l'un des plus attaquables, à cause du plateau qui s'étend de plainpied devant la Porte Narbonnaise — les courtines intérieures devaient être munies de ces « *hourds doubles* » dont il est fait parfois mention dans les chroniqueurs du XIII siècle (1).

La figure 11 (p. 69) explique, dans le cas actuel, la disposition de ces doubles hourds. Ainsi que nous venons de le dire, les merlons ayant leur parement intérieur en fruit sur le chemin de ronde A, leur base est traversée au niveau de ce chemin de ronde par des trous de hourds de 0 m. 30 de côté, régulièrement espacés. Sur le parement du chemin de ronde, du côté de la ville, est une retraite continue B. Les hourds doubles étaient donc ainsi disposés : de cinq pieds en cinq pieds passaient, par les trous des hourds, de fortes solives C, sur l'extrémité desquelles, à l'extérieur, s'élevait le poteau incliné D, avec des contre-poteaux E, formant la rainure pour le passage des madriers de garde. Des *moises* doubles J pinçaient ce poteau D, reposaient sur la longrine F, mordaient les trois poteaux G, H, I, celui G

(1) A Toulouse, assiégé par Simon de Montfort, les habitants augmentent sans cesse les défenses de la ville:
 « E parec ben a lobra e als autres mestriers
 « Que de dins et defora ac aitans del obriers
 « Que garniron la vila els portals els terriers,
 « Els murs e las bertrescas els cadafalcs dobliers
 « Els fossatz e las lissas els pons els escaliers
 « E lains en Toloza ac aitans carpentiers. »
Ces *cadafalcs dobliers* sont des hourds doubles.
Voyez *Poëme de la Croisade contre les Albigeois*, Collection des documents inédits de l'*Histoire de France*.

étant appuyé sur le parement incliné du merlon, et venaient saisir le poteau postérieur K également incliné. Un second rang de moises, posé en L à 1 m. 80 du premier rang, formait l'enrayure des arbalétriers M du comble. En N un mâchicoulis était réservé le long du parement extérieur de la courtine. Ce mâchicoulis était servi par des hommes placés en O, sur le chemin de ronde, au droit de chaque créneau muni d'une ventrière P. Les archers et arbalétriers du hourd inférieur étaient postés en R et n'avaient pas à se préoccuper de servir ce premier mâchicoulis.

Le deuxième hourd possédait un mâchicoulis en S. Les approvisionnements de projectiles se faisaient en dedans de la ville par les *guindes* T. Des escaliers Q, disposés de distance en distance, mettaient les deux hourds en communication. De cette manière, il était possible d'amasser une quantité considérable de pierres en V, sans gêner la circulation sur les chemins de ronde ni les arbalétriers à leur poste. En X, on voit, de face, à l'extérieur, la charpente du hourdage dépourvue de ses madriers de garde, et en Y, cette charpente garnie. Par les meurtrières et mâchicoulis, on pouvait lancer ainsi sur l'assaillant un nombre prodigieux de projectiles. Comme toujours. les meurtrières U, percées dans les merlons, dégageaient au-dessous des hourds et permettaient à un deuxième rang d'arbalétriers postés entre les fermes, sur le chemin de ronde, de viser l'ennemi.

On conçoit que l'inclinaison des madriers de garde était très favorable au tir. Elle permettait, de plus, de faire surplomber le deuxième mâchicoulis S en dehors du hourdage inférieur.

La dépense que nécessitaient des charpentes aussi considérables ne permettait guère de les établir que dans des circonstances exceptionnelles, sur des points mal défendus par la nature.

La courtine qui relie la tour du Trésau à la Porte Narbonnaise possède un « *petit puits* » et une « *échauguette* » flanquante destinée à battre l'intervalle entre la Barbacane et cette Porte.

21. Tour du Trésau *dite aussi du Trésor*. — Cette construction est un magnifique ouvrage de la fin du XIIIe siècle, contemporain de la Porte Narbonnaise. Elle domine toute la campagne, la ville, et joignant presque l'enceinte extérieure, elle commandait le plateau, la Barbacane de la Porte Narbonnaise et empêchait l'ennemi de s'étendre du côté du nord dans les Lices le long desquelles s'élèvent les tours Visigothes.

La Tour du Trésau, outre ses caves, renferme quatre étages dont deux sont voûtés.

L'étage inférieur est creusé au-dessous du terre-plein de la ville. Le deuxième étage est presque de plain-pied avec le sol intérieur de la ville. Le troisième étage était couvert par un plancher et le quatrième, sous comble, au niveau du chemin de ronde du crénelage.

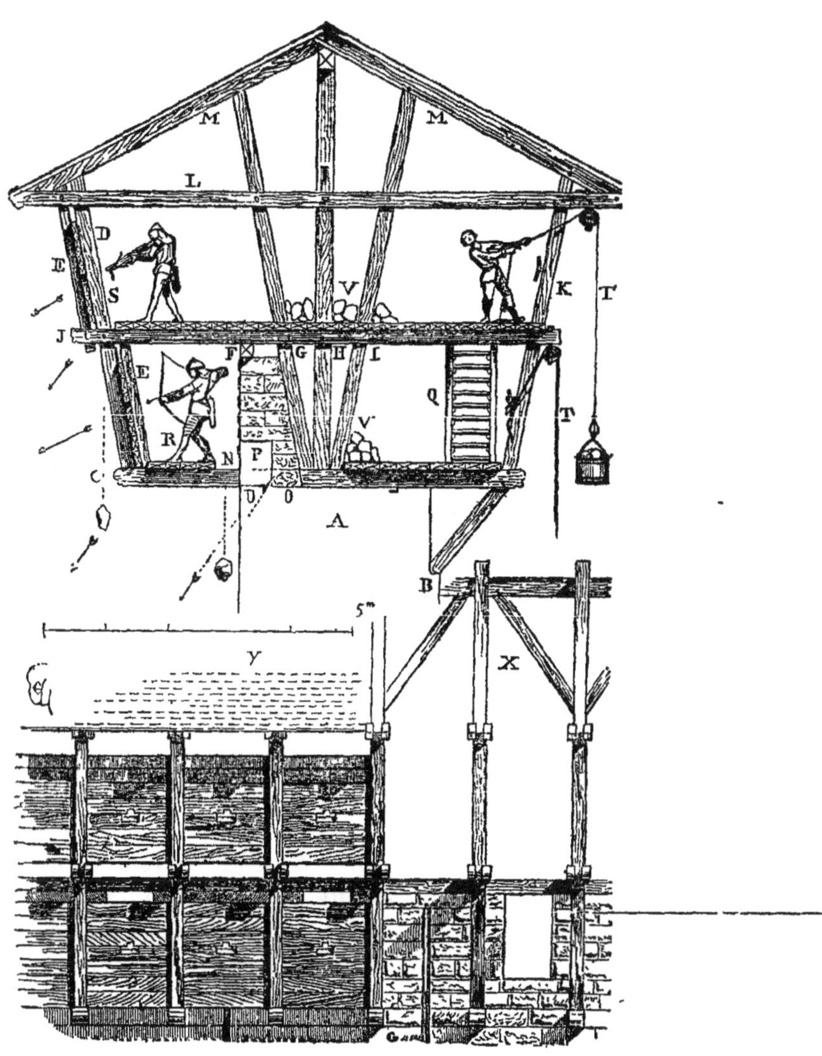

Fig. 11. — Courtine entre la Porte Narbonnaise
et la Tour du Trésau (nᵒˢ 20 et 21).
Disposition des doubles-hourds.

Le chemin de ronde des courtines passe derrière le pignon de la tour, mais n'a aucune communication avec les salles intérieures.

Du côté de la ville, la partie supérieure de la tour est terminée par un pignon crénelé avec escaliers rampants le long du comble. Deux tourelles carrées, munies d'escaliers et crénelées à leur partie supérieure, épaulent le pignon et servaient de tours de guet, car elles sont, de ce côté, le point le plus élevé des défenses.

En temps de paix, le crénelage de la tour du Trésau n'était pas couvert. Le comble porte sur un mur intérieur. Les gargouilles qui existent encore à l'extérieur indiquent d'une manière certaine que le chemin de ronde supérieur était à ciel ouvert. En temps de guerre, les toitures des hourds couvraient ces chemins de ronde ainsi que les hourds eux-mêmes.

Un seul escalier à vis dessert les quatre étages et toutes les issues étaient garnies de portes fortement ferrées. Le deuxième étage au-dessus des caves contient une petite chambre ou réduit éclairé par une fenêtre, destiné au capitaine, une grande cheminée et des latrines ; cet étage et le rez-de-chaussée sont percés de nombreuses meurtrières s'ouvrant sous de grandes arcades munies de bancs de pierre.

Courtines, entre les tours 21, 22 et suivantes. — De la tour du Trésau, en se dirigeant vers le nord, on longe une grande partie *des vestiges de l'en-*

ceinte des Visigoths. A voir le désordre de ces anciennes constructions, on doit admettre qu'elles ont été bouleversées par un siège terrible ; on a peine à comprendre comment on a pu, avec les moyens dont on disposait alors, renverser des pans de murs d'une épaisseur considérable, faire pencher ces tours dont toute la partie inférieure ne présente qu'une masse de maçonnerie. Il semblerait que la poudre à canon peut seule causer des désordres aussi graves, et cependant le siège pendant lequel une partie considérable de ces remparts a été renversé est antérieur au XIIe siècle, puisque, sur ces débris, on voit s'élever des constructions identiques avec celles du Château, ou datant du XIIIe siècle.

A peine si l'on a pris soin de déblayer les ruines, car on remarque, enclavés dans les courtines reprises au XIIIe siècle, d'énormes pans de murs renversés et présentant verticalement les lits de leurs assises de moellon ou de brique. Grâce à la bonté des mortiers, ces masses renversées ne se sont point disjointes et sont là comme des rochers sur lesquels on serait venu construire de nouveaux murs.

De ce côté, les courtines et les tours sont très hautes et dominent de beaucoup l'enceinte extérieure élevée sur la crête de l'escarpement.

22. Tour du Moulin du Connétable. — *Les fondations Gallo-Romaines sont soutenues par des substructions de Saint Louis. Appareil visigoth,* *avec assises alternées de briques, jusqu'à mi-hauteur. Au-dessus, construction féodale jusqu'au crénelage qui a été rétabli dans le style du XIIIe siècle. A l'intérieur, voûte en calotte hémisphérique (comme les tours de la Porte du Château) supportant le premier étage. Cette tour a été utilisée comme moulin à vent.*

·23. Tour du Vieulas. — *Fondations Gallo-Romaines protégées et soutenues par les travaux de Saint Louis. Fortement penchée en avant à suite de sapement, suivi du renversement de la courtine, au siège de 1240. Partie supérieure réédifiée d'aplomb au XIIIe siècle..*

24. Tour de la Marquière. — *Inclinée vers la gauche pour la même cause que la tour 23.*

Porte de Rodez, entre les tours 24 et 25. — Percée dans l'enceinte des Visigoths au XIIe siècle, et réparée au XIIIe. C'est la porte désignée par le Sénéchal Guillaume des Ormes, lors du siège de 1240, sous le nom de « Porte de Rodez ». Elle ne présente aucune défense particulière, mais devait être précédée d'un ouvrage avec poterne protégé par la Tour-Barbacane Notre-Dame n° 4.

25. Tour de Samson. — *Reconstituée en partie dans le style Visigoth complet. La base carrée a été réparée au moyen âge. Dans l'angle de droite, au bas de la courtine attenante, traces de constructions difficiles à déterminer.*

LA PORTE DE L'AUDE.
Entrée principale de l'Ouest.

Phot. Michel Jordy.

LA PORTE DE L'AUDE.
Entrée principale de l'Ouest.

Remarque : Les « merlons » des créneaux sont pleins, c'est-à-dire dépourvus de meurtrières. Les Visigoths ne connaissaient pas ce moyen de défense inventé par les féodaux.

Du côté de la ville, restant d'ancien logis.

26. Tour du Moulin d'Avar. — *Gallo-Romaine, réparée au XIIIe siècle. A servi de moulin à vent au XIXe siècle.*

Dans l'angle nord-ouest curieuse Poterne *formée de gros blocs de pierre. Probablement une des portes latérales du* Castellum *romain.*

Au-dessus de la Poterne, *sur le crénelage de la Courtine, on voit un monte-charge reconstitué.*

Courtine *entre les Tours 26 et 27. — Très intéressante à étudier. On distingue nettement sur toute la longueur de la Courtine et à des hauteurs variables suivant la conformation du terrain,* la ligne des fondations Gallo-Romaines *reposant sur des substructions de Saint Louis.*

Vers le milieu de la Courtine est visible l'emplacement d'une tour Gallo-Romaine démolie à suite d'un siège, probablement celui de 1240.

27. Tour de la Charpentière. — *Base Gallo-Romaine, à environ deux mètres au-dessus du sol, soutenue par des substructions du* XIIIe *siècle. Son nom provient de son voisinage avec les ateliers ou dépôts de bois destinés aux défenses.*

Courtine *entre les tours 27 et 28. — Construction Gallo-Romaine soutenue par des travaux de Saint*

Louis. Vers le milieu de la Courtine s'ouvre une poterne du XIIIe siècle donnant accès dans les fossés nord du Château. A la place de cette poterne devait s'élever une tour faisant partie de l'enceinte Gallo-Romaine.

En avant de la tour 28, *un mur, avec porte et meurtrière, couronné par une plate-forme créne-lée. ferme les abords du Château. Du haut de cette plate-forme, facilement accessible à l'aide d'esca-liers en pierre placés dans l'angle de la tour 28, on découvre un splendide panorama embrassant les formidables défenses du Château et de la Porte d'Aude, et un lumineux paysage borné, à l'horizon, par les cimes dentelées des Pyrénées.*

Les Tours 28 a 37 *et les remparts joignant ces tours, font partie des défenses du château du côté de la rivière. (Voir description p. 100, La Grande Caponnière, Défenses du Château.)*

28. Tour de la Chapelle. — *Reconstituée dans sa forme Visigothique. La base est Gallo-Romaine avec revêtement du XIIIe siècle. La Chapelle du Château était voisine de cette tour.*

Courtine, entre les tours 28 et 29. — *Elle paraît avoir été bâtie au XVIe siècle, par le Sénéchal, en rèmplacement de la courtine Gallo-Romaine.*

29. Tour de la Poudre. — *Construction du XIIIe siècle (Saint Louis) tenant la place d'une tour de l'enceinte primitive. A la base de la tour, Porte*

ogivale, murée et à moitié enfouie dans le sol des Lices.

Courtine, *entre les tours 29 et 31. — Cette partie des fortifications est des plus intéressantes. Les moyens de défense y sont accumulés pour protéger l'entrée du Château du côté de la rivière. Une belle échauguette domine les murailles transversales et permet de découvrir un vaste horizon. (Voir figure 14, p. 99).*

30. Avant-Porte du Chateau. — *Interceptait le passage des assaillants entre le Château et la Grande Barbacane N° 8. L'espace, clos de hautes murailles, faisant suite à l'avant-porte, est une véritable souricière d'où ne pouvait plus sortir l'ennemi qui aurait pu s'y engager. C'est de* l'avant-porte *que descend le couloir appelé* la Grande Caponnière *(p. 100) conduisant à la Barbacane 8 entre deux murs crénelés.*

31. Tour Peinte ou Pinte. — *Seule tour dans la Cité de forme carrée ce qui l'a fait supposer bâtie par les Arabes. Bases Gallo-Romaines avec, au-dessus, appareillage de diverses époques.*

Domine toute la Cité dont elle était la *Guette* principale. Cette tour. sur plan barlong, ne pouvait contenir et ne contenait en effet qu'un escalier de bois, car elle n'est divisée, dans toute sa hauteur, par aucune voûte ni aucun plancher. Une seule petite fenêtre romane, percée vers la moitié de sa hauteur, s'ouvre sur la campagne, du côté de l'Aude. Cette tour est intacte; on voit encore son *crénelage supérieur* avec les trous des hourds très rapprochés, comme pour établir une galerie extérieure saillante, en état de résister aux vents terribles de la contrée.

COURTINE, entre les tours 31 et 37. — *Un mur transversal, surmonté d'une grande ouverture ogivale ferme le passage des Lices en cas d'attaque et défend l'accès du Château du côté de la Porte d'Aude. Cette défense est complétée par un* Châtelet *à deux étages, surplombant le talus.*

Entre le mur transversal et la tour 37 est une Poterne du XIIIᵉ *siècle, murée, communiquant autrefois avec les fossés du Château.*

Une autre Poterne, aussi murée, très relevée audessus de l'escarpement et qui exigeait l'emploi d'une échelle, se trouve dans le mur extérieur, presque sous le Châtelet.

32. TOUR SAINT-PAUL. — 33. TOURS DE LA PORTE DU CHATEAU. — 34. TOUR DES CASERNES. — 35. TOUR DU MAJOR. — 36. TOUR DU DEGRÉ.

Ces tours entourent le *Château* sur trois faces : est, sud et nord et sont de construction féodale avec crénelage du XIIIᵉ siècle. Elles ont le même système de défense. Mêmes petites salles voûtées en calottes hémisphériques, mêmes dispositions des crénelages, des meurtrières et hourds, mêmes combinaisons de combles pyramidaux. Les deux *tours d'angle 32 et 35* sont les seules qui contiennent des escaliers à vis, en pierre. Le plan de ces deux tours est fort intéressant à étudier.

37. TOUR DE LA JUSTICE. — *Bâtie sous Saint Louis à la place d'une tour Gallo-Romaine entre deux courtines de cette dernière époque. C'était le siège de la « Justice du Roi » et aussi celui du « Tribunal de l'Inquisition ». La belle salle du premier étage sert actuellement de Poste aux Gardiens des fortifications. C'est de cette tour que commence la visite des remparts supérieurs.*

PORTE DE L'AUDE (autrefois Porte de Toulouse). *Entre les tours 37 et 38.* — Cette porte a été percée dans la muraille des Visigoths au XIIe siècle. On voit encore, à l'extérieur, l'arc plein cintre qui paraît appartenir à cette époque par son appareil et la nature des matériaux employés (1). A la gauche de cette porte il existait, sur un pan de mur visigoth, un bâtiment contemporain du château, c'est-à-dire élevé du XIe au XIIe siècle. Le mur extérieur de ce bâtiment est encore percé de *trois petites fenêtres jumelles* divisées par des colonnettes de marbre avec chapiteaux sculptés.

Une *longue rampe* aboutissait à la *Grande Barbacane n° 8* et était battue par cette barbacane; elle s'élève suivant une inclinaison assez roide, et,

(1) Des restaurations malencontreuses ont fait disparaître cet arc. (N. des E.).

en faisant un lacet, conduit à une première porte, simple barrière, puis à une seconde porte défendue par un crénelage et commandée par un gros ouvrage en forme de traverse, terminé, à la hauteur des chemins de ronde de l'enceinte intérieure, par une plate-forme et des merlons. A sa base, cette traverse est percée d'une porte qui donne entrée dans les Lices du sud-ouest (voir *Porte du Sénéchal*, p. 79).

Il faut gravir, en dedans de l'enceinte extérieure, une rampe assez roide (voir *Avant-Porte de l'Aude*, p. 47). Cette rampe est battue par l'ouvrage qui masque la Porte de l'Aude, percée dans le mur de l'enceinte intérieure.

Cette rampe est dominée par la Tour de la Justice, n° 37, et par une Tour Visigothe, n° 38. On arrive ainsi à un lacet qui oblige l'arrivant à se détourner brusquement pour atteindre la Porte de l'Aude. Bien qu'il n'y ait, devant cette porte, ni fossé ni ponts à bascule, il n'était point facile d'y arriver malgré les gens du dedans de la ville, car l'espace compris entre les deux enceintes forme une véritable place d'armes, un grand châtelet, commandé de tous côtés par des ouvrages formidables. De plus, les Lices, à droite et à gauche, étaient fermées par des portes. On observera que la porte supérieure est percée dans un angle rentrant, ce qui a permis de la flanquer très puissamment, et que son masque forme en avant un petit châtelet que l'on pouvait fermer complètement en temps de guerre, et qui, en temps de paix, était précédé d'un petit poste dont on aperçoit encore la trace le long de la courtine. De cet ouvrage, les rondes pouvaient descendre dans les Lices du sud-ouest, en ouvrant une porte percée sur le flanc du parapet et en posant des planches mobiles sur des corbeaux engagés dans les gros contreforts à la suite. Ce moyen de sortie ou d'entrée indique assez que l'ouvrage, en avant de la Porte de l'Aude, était absolument fermé en temps de guerre.

PORTE DU SÉNÉCHAL. *Entre les tours 37 et 38.* — En se dirigeant de la *Porte d'Aude* vers les *Lices* du sud-ouest, on laisse bientôt les dernières traces des constructions Visigothes et l'on atteint le saillant bâti par Philippe le Hardi, en dehors des terrains de l'Evêché (fig. 16). Ayant passé la porte percée dans la traverse de commandement et que nous croyons être la *Porte dite du Sénéchal* (voir Porte d'Aude, p. 77), on aperçoit la Tour Visigothe n° 38, puis la Tour 39, dite de l'Inquisition.

38. TOUR VISIGOTHE. —*La base de cette tour est semblable dans tous ses détails à la Tour 28.*

—— COURTINE, entre les tours 38 et 39. — *On voit distinctement que cette muraille est formée de deux genres de constructions bien différentes : Gallo-Romaine du côté de la Tour 38 et XIIIe siècle vers la tour 39. C'est de la ligne séparative de ces deux constructions que partait l'enceinte Gallo-Romaine démolie par Philippe le Hardi pour former l'im-*

*portant saillant actuel du sud-ouest (voir Plan
Général, fig. 16).*

39. TOUR DE L'INQUISITION. — Dans laquelle nous
avons trouvé un cachot avec pilier central garni de
chaînes.

COURTINE, *entre les tours 39 et 40.* — Les courtines qui font partie du saillant bâti par Philippe
le Hardi (voir p. 19), sont munies de belles meurtrières percées sous des arcades avec bancs ; meurtrières qui battent les Lices et les chemins de ronde
de l'enceinte extérieure.

Un fait curieux donne la date certaine de cette
partie de l'enceinte qui enveloppait l'Evêché. En
août 1280 à Paris, le roi Philippe le Hardi permit à
Isar, alors évêque de Carcassonne, de pratiquer *quatre fenêtres* grillées dans la courtine adossée à l'Evêché, après avoir pris l'avis du Sénéchal, et sous la
condition expresse que ces fenêtres seraient murées
en temps de guerre, sauf à pouvoir les rouvrir, la
guerre terminée. Le roi s'obligeait à faire, à ses
dépens, les égouts pour l'écoulement des eaux de
l'Evêché, à travers la muraille (voir Tour 12, p. 49),
et à l'évêque était réservée la jouissance des étages
de la tour dite de l'Evêque (tour carrée n° 11, à
cheval sur les deux enceintes), jusqu'au crénelage,
sans préjudice des autres droits du prélat sur le
reste des murailles de la ville. Or, ces quatre fenêtres n'ont point été ouvertes après coup, elles ont
été bâties en élevant la courtine, et elles existent

Entrée principale du Chateau.

VI

Entrée principale du Château.

encore entre les tours n°ˢ 39, 11 et 40; donc ces courtines et tours datent de 1280.

40. TOUR DE CAHUSAC. — Présente une disposition curieuse. Le chemin de ronde tourne à l'entour, et est couvert par un portique.

41. TOUR MIPRADE, de *Prade* ou du *Coin*. — Bâtie sur l'angle terminant le saillant occidental de la Cité, faisant face à l'Aude.

Elle contient deux étages voûtés et deux étages entre planchers, elle est munie d'une *cheminée* et d'un *four*. La seule porte donnant entrée dans cette tour, qui n'interrompt pas le chemin de ronde, est percée du côté de l'est et était fermée par des verrous et une barre rentrant dans la muraille. Comme aux autres tours de cette partie de l'enceinte, le dernier merlon des courtines s'élève au point de jonction avec la tour, là où sont percées les portes et le dernier créneau était également muni de *volets sur rouleaux* (voir p. 31), afin de protéger les entrants ou les sortants ou les factionnaires postés aux entrées des tours. Presque toujours il faut monter quelques marches pour passer des courtines dans les tours, et alors le crénelage suit la montée.

42. TOUR DU MOULIN. — Ainsi nommée parce qu'autrefois son étage supérieur, en retraite sur le crénelage, était affecté au mécanisme d'un moulin à vent.

11

Aux pieds de cette tour, sur l'emplacement de l'ancien cloître, se développe la scène du Théâtre de la Cité.

43. TOUR SAINT-NAZAIRE (*voir aussi Tour Crémade n° 15*). — Cet ouvrage, sur plan carré, est encore un des plus remarquables de la Cité. La porte, percée à la base de cette tour Saint-Nazaire, et donnant sur les Lices, est ouverte de côté, masquée par la saillie de l'échauguette d'angle, et le seuil de cette ouverture est établi à plus de deux mètres au-dessus du sol des Lices. Il fallait donc poser des échelles ou un plan incliné en bois pour entrer et sortir.

Dans la tour elle-même l'entrée est biaise, et, si de l'extérieur on n'entre par la porte percée sur le flanc Est de la tour qu'au moyen d'échelles ou d'un plancher mobile, on ne peut franchir la seconde entrée qu'en se détournant à angle droit. Cette porte ne pouvait donc servir qu'aux gens de pied. Chacune des deux baies est munie d'une herse, de mâchicoulis et de vantaux. Un *puits* dessert les Lices et le premier étage, qui contient en outre un *four*. La première herse était manœuvrée de la salle du premier étage, la deuxième du chemin de ronde, comme à la Porte Narbonnaise. Le crénelage supérieur s'élève sur une plate-forme propre à recevoir un engin de défense (mangonneau) et possède une guette, car ce point est un des plus élevés de la Cité. Le crénelage inférieur (car la défense de couronnement est double) est flanqué par des échauguettes qui montent de fond (1).

44. Tour Saint-Martin. — Cette tour semble avoir été élevée à proximité de la tour n° 43 à dessein, pour masquer et battre la poterne à très petite portée. Cette tour est renforcée, comme les tours 41 et 42 et comme celles de la Porte Narbonnaise, par un bec saillant dont nous avons expliqué l'utilité. Elle contient deux étages voûtés, deux étages sous plancher, comme la tour n° 41, et se dégage au-dessus du chemin de ronde qui tourne autour d'elle du côté de la ville.

Sur le mur du côté de la ville, traces de constructions (voir p. 29, anciens Logis).

Restes des Remparts Visigoths. — A partir de ce point de *l'enceinte intérieure*, nous voyons reparaître, *dans les parties inférieures des courtines et tours, les restes des remparts visigoths* jusqu'à la tour n° 53, dite de Saint-Sernin, à côté de la Porte Narbonnaise (N° 20).

Ainsi, toute cette portion de l'enceinte comprise entre la Tour 44 et la Porte-Narbonnaise (n° 20), a été réparée et reconstruite en partie par Philippe le Hardi sur l'enceinte des Visigoths, qui avait été élevée sur les remparts romains. Le périmètre de la ville antique est donc donné par celui de la ville

____

(1) Une table d'orientation, placée par les soins du Touring-Club, occupe aujourd'hui la plate-forme de cette tour. (N. des E.).

des Visigoths, puisque, du côté du midi comme du côté du nord, nous retrouvons les traces des constructions romaines sous les ouvrages dus aux Barbares.

COURTINE *entre les tours 44 et 45.* — On y trouve *une poterne qui paraît être l'ancienne « Porte de Rodez ». Cette porte a été transformée en meurtrière au* XIIIe *siècle.*

45. TOURS DES PRISONS. — 46. TOUR DE CASTÉRA. — Ces deux tours sont, comme les n°s 47, 49, 50, 52 et 53, bâties sur les fondations des tours primitives et sont d'un diamètre plus faible que les tours du XIIIe siècle.

Elles ne sont pas voûtées, et des planchers en bois séparaient leurs étages, au nombre de deux seulement et établis sur le massif plein de la maçonnerie des Visigoths. Leurs escaliers à vis font saillie à l'intérieur des salles et sont pris à leurs dépens. Toutes ces tours interrompent la circulation sur le chemin de ronde des courtines; il faut les traverser pour communiquer d'une courtine à l'autre.

~~47. TOUR DU PLÂ. — Elle prés~~ente aussi, sur les Lices, dans sa partie inférieure, des restes de soubassements romains, sur lesquels est implantée une tour visigothe couronnée par la bâtisse du XIIIe siècle.

48. TOUR DE BALTHAZAR. — Seule, la tour n° 48 a été reconstruite entièrement par Philippe le Hardi.

Aussi présente-t-elle à l'extérieur un bec saillant, et l'épaisseur de sa construction est très considérable. C'est qu'elle devait s'élever assez haut pour dominer la tour nº 18 de l'enceinte extérieure, tour dite de la *Vade ou du Papegay*, sorte de donjon avancé absolument indépendant et qui était destiné à battre le plateau qui s'étend de plain-pied, en face de ce front.

Traces apparentes d'ancien logis sur le mur côté ville.

Dans l'angle de droite de la Courtine joignant la Tour de Balthazar est visible une poterne facilitant la communication avec la Tour de la Vade nº 18.

49. TOUR DE DAVEJEAN OU DE DARÉJA. — La tour nº 49, est bâtie sur une *substruction romaine*, formée de gros blocs de pierre parfaitement jointifs, sans mortier. Le soubassement romain portait certainement une tour carrée, car les Visigoths se sont contentés d'abattre les arêtes saillantes à coups de masse, pour arrondir cette construction massive qui ne renferme qu'un blocage.

En examinant les constructions surélevées au XIIIᵉ siècle, on voit que les ingénieurs ont donné à la partie cylindrique (côté extérieur) une forte épaisseur, tandis que du côté de la ville, là où la tour est fermée par un pignon, les murs n'ont qu'une faible épaisseur, afin d'obtenir l'espace vide le plus grand possible à l'intérieur pour loger les postes.

50. TOUR SAINT-LAURENT. — *De construction Gallo-Romaine, réparée au XIIIe siècle.*

51. ESCALIER descendant à la *Poterne de la Tour de la Peyre.* — On trouve entre les tours 50 et 52, une *construction saillante*, n° 51, qui contenait un escalier de bois, communiquant à de *vastes souterrains* dont l'issue extérieure est placée à côté de la tour de la Peyre, n° 19, au niveau du fond du fossé et dont deux galeries débouchaient dans les Lices. Cette poterne de la Tour de la Peyre avait une grande importance, car elle mettait les chemins de ronde supérieurs en communication directe, soit avec les Lices, soit avec les dehors. Aussi, en arrière de la poterne donnant dans l'angle de la tour 19, est une *salle voûtée*, souterraine, vaste, pouvant contenir une quarantaine d'hommes armés.

Du côté de la ville restes apparents d'ancien logis, contre le mur de la construction saillante.

52. TOUR DU TRAUQUET. — Mêmes dispositions que les tours 45, 46, 47, 49 et 50. Traces d'ancien logis sur le mur faisant face à la ville.

53. TOUR DE SAINT-SERNIN. — *D'origine Gallo-Romaine, ornementée d'une rangée de briques en forme « d'arêtes de poisson ». Formait l'abside de l'Eglise paroissiale de Saint-Sernin, démolie vers 1793. Belle fenêtre ogivale ouverte au XVe siècle en remplacement de la baie primitive. Cette abside, creusée dans la circonférence de la Tour Gallo-*

Romaine, et tenant compte de ce fait que l'Eglise Saint-Sernin était la plus ancienne de la Cité, pourrait avoir été la Chapelle du Château Narbonnais *qui s'élevait, avant le* XIIIe *siècle, à la place des tours de la Porte Narbonnaise. (Voir p. 112, Intérieur de la Cité, Eglise Saint-Sernin.)*

III. — LE CHATEAU

Il est bâti sur le point culminant de la Cité. Ce fut probablement sous le Vicomte Aton ou, au plus tard, sous Roger III, vers 1130, que le Château fut élevé.

54. Barbacane Intérieure. — Lorsqu'on arrive devant le Château, dans l'intérieur de la Cité, le premier ouvrage qui se présente est une Barbacane bâtie au XIIIe siècle, semi-circulaire, crénelée avec chemins de ronde (voyez le plan général, fig. 16), et dans laquelle est percée une avant-porte. Cette première porte n'était défendue que par des meurtrières et des créneaux garnis de doubles volets, un mâchicoulis et des vantaux de bois. C'est, comme on peut le voir, une charmante construction, bien faite et passablement conservée.

L'étage supérieur de la porte était ouvert du côté du Château, afin d'empêcher les assaillants qui s'en seraient rendus maîtres de se défendre contre la garnison renfermée dans le Château.

Le Chateau. — Les tours du Château, par leur construction et les quelques sculptures qui décorent les chapiteaux des colonnettes dc marbre servant de meneaux aux fenêtres géminées, visibles dans la cour intérieure, appartiennent certainement à la première moitié du XIIe siècle. En parcourant l'enceinte intérieure de la Cité, ainsi que le Château, on peut facilement reconnaître les parties des bâtisses qui datent de cette époque; leurs parements sont élevés en grès jaunàtre et par assises de 0 m. 15 à 0 m. 30 de largeur, et grossièrement appareillés.

Un large « *fossé* » protège trois des fronts de cette citadelle, le quatrième donnant sur les escarpements faisant face à l'Aude.

Un pont, reconstruit en partie à une époque assez récente, donnait accès à la seule *Porte du Château* sur le front faisant face à la ville. Les piles de ce pont datent du XIIIe siècle, et les deux dernières, proches l'entrée, sont disposées de telle façon qu'un plancher mobile en bois devait s'y appuyer.

L'assaillant trouvait un premier obstacle formé d'une barrière de bois couverte d'un appentis. Cet obstacle détruit, supposant le plancher mobile enlevé, il avait à franchir un fossé d'une largeur de 2 mètres pour arriver à la première herse défendue par un mâchicoulis. Derrière cette herse est une porte de bois, un second mâchicoulis, une seconde herse et une seconde porte. La première herse se manœuvrait du deuxième étage. La deuxième herse était servie dans une petite chambre disposée immédiatement au-dessus du passage.

Tours d'entrée. — Les *deux tours* qui flanquent cette *Entrée* renferment deux étages voûtés en calotte hémisphérique, et percés de meurtrières; les deux étages supérieurs sont séparés par un plancher. Ces deux étages supérieurs mettent, sans murs de refend, les deux tours en communication avec le dessus du passage. On ne pouvait arriver à ces étages que par un escalier de bois disposé contre la paroi plate de la porte, du côté de la cour ou par les chemins de ronde des courtines. Les salles voûtées ne sont éclairées que par les meurtrières. Le troisième étage prend jour sur la cour par une charmante fenêtre romane à doubles cintres posés sur une colonnette de marbre avec chapiteau sculpté, et par une très petite ouverture donnant latéralement au-dessus de l'entrée à l'extérieur. Cette dernière fenêtre était percée pour permettre aux assiégés qui servaient la première herse de voir ce qui se passait à l'entrée et de prendre leurs dispositions en conséquence, sans se démasquer.

Bien que les tours affectent la forme cylindrique à l'extérieur, à l'intérieur les parements des étages supérieurs sont à pans coupés. Cette construction était évidemment faite pour faciliter l'établissement de la charpente des combles. Il est beaucoup plus facile de tailler et de poser une charpente en pavillon sur un plan polygonal que sur un plan circulaire; le plan circulaire exige pour les sablières des bois courbes, pour la pose des chevrons des assemblages compliqués. A la fin du XIe siècle on ne devait pas être fort habile dans ces sortes de constructions, qui, un siècle et demi plus tard, étaient arrivées à un degré de perfection remarquable; aussi ne doit-on pas s'étonner de voir cette forme de charpentes pyramidales adoptée pour toutes les tours primitives du Château. Les constructeurs rachetaient les différences de saillies produites par la forme circulaire du parement extérieur par des *coyaux.*

Du deuxième étage on communique au premier au moyen d'une trappe ouverte dans la voûte hémisphérique. Cette trappe, percée derrière la petite fenêtre qui permet de guetter l'entrée, était destinée à transmettre des ordres aux gens qui servaient la deuxième herse dans la petite salle du premier étage, soit pour faire tomber rapidement cette herse en cas d'attaque, soit pour la lever lorsqu'un corps rentrait; car on observera que les servants de la deuxième herse ne peuvent voir ce qui se passe à l'extérieur que par une meurtrière très étroite, ou par le mâchicoulis ouvert devant cette deuxième herse.

Dans cet ouvrage de défense si complet et dont nous donnons les coupes figure 12, C, p. 91), tout est disposé pour que le commandement puisse venir du haut, là où les moyens de défense les plus efficaces étaient déployés, et là, par conséquent, où

Fig. 12.

Coupe des Tours d'Entrée du Chateau.

devait se tenir le Capitaine de la tour au moment de l'attaque. Nos vaisseaux de guerre, avec leurs écoutilles, leurs porte-voix et leurs batteries basses, peuvent donner une idée des moyens de transmission du commandement alors en usage dans les ouvrages de fortification (1).

Couronnement des Murailles. — Hourds saillants. — Tous les couronnements des murailles et des tours du Château élevé vers le commencement du XIIe siècle étaient défendus en temps de guerre par des hourds très saillants, car on remarquera que les trous par lesquels passaient les pièces de bois en bascule portant ces hourds, sont doubles, percés à 0 m, 60 environ l'un au-dessus de l'autre, afin de soulager la portée des pièces supérieures recevant le plancher par des corbelets et des liens de charpente. La pose de ces hourds devait être moins expéditive que celle des hourds du XIIIe siècle portés par de fortes solives en bascule. Toutefois elle pouvait se faire sans trop de difficulté en supposant les liens assemblés par embrèvement, sans tenons ni mortaises, ce qui, du reste, eût été inutile, puisque les pièces de bois traversant les murs étaient parfaitement fixes et ne pouvaient dévier ni à droite ni à gauche. Un charpentier (fig. 13, p. 95), à cheval

(1) Dans la figure 12, la coupe transversale est tracée en A. En I est l'extrémité du pont fixe; en B, le fossé couvert par un pont volant; en C, la première herse avec son treuil en E; en D, la deuxième herse avec son treuil en F; en G, les trous des hourds. En H est tracée la coupe longitudinale sur le passage et les salles voûtées.

sur la solive horizontale supérieure, adossé à la muraille, pouvait assembler le lien par le côté à coups de maillet, en ayant le soin de le retenir préalablement à l'aide d'un bout de corde (1).

Les trous des solives dans les crénelages du Château, étant plus petits que ceux des constructions datant du xiiie siècle, expliquent ce surcroît de précautions, destiné à empêcher les bois en bascule de fléchir à leur extrémité. On observera encore que les créneaux du Château sont hauts (2 mètres), c'est que le plancher des hourds était posé à la base même de ces créneaux, au lieu d'être, comme au xiiie siècle, posé à 0 m. 30 au-dessus du sol de chemin de ronde. Il fallait donc passer par ces créneaux comme par autant de portes et leur donner une hauteur suffisante pour que les défenseurs pussent se tenir debout dans les galeries des hourds.

Linteaux en béton. — Nous ne devons pas passer sous silence un fait très curieux touchant l'histoire

(1) Du chemin de ronde, les charpentiers faisaient couler par le trou inférieur une première pièce A, puis une seconde pièce B, en bascule. L'ouvrier, passant par le créneau, se mettait à cheval sur cette seconde pièce B, ainsi que l'indique le détail perspectif B', puis faisait entrer le lien C dans son embrèvement. La tête de ce lien était réunie à la pièce B par une cheville; un potelet D, entré de force par derrière, roidissait tout le système. Là-dessus, posant des plats-bords, il était facile de monter les doubles poteaux E entre lesquels on glissait les madriers servant de garde antérieure, puis on assujettissait la toiture qui couvrait le hourd et le chemin de ronde, afin de mettre les défenseurs à l'abri des projectiles lancés à toute volée. Des entailles G, ménagées entre les madriers, permettaient de viser.

de la construction. La plupart des portes et fenêtres des tours du Château, du côté de la cour, sont couronnées par des *linteaux en béton*. Ces pierres factices ont beaucoup mieux résisté aux agents atmosphériques que les pierres de grès; elles sont composées d'un mortier parfaitement dur, mêlé de cailloux concassés de la grosseur d'un œuf, et ont dû être façonnées dans des caisses de bois. Après avoir observé en place quelques-uns de ces linteaux, mon attention ayant été éveillée, j'ai retrouvé une assez grande quantité de ces blocs de béton dans les restaurations extérieures des murailles des Visigoths entreprises au XIIe siècle. Il semblerait que les constructeurs de cette dernière époque, lorsqu'ils avaient besoin de matériaux résistants d'une grande dimension relative, aient employé ce procédé qui leur a parfaitement réussi; car aucun de ces linteaux ne s'est brisé, comme il arriva fréquemment aux linteaux de pierre.

Intérieur du Château. — Après avoir franchi la *Porte du Château*, on entre dans une *cour spacieuse*, entourée aujourd'hui de constructions modernes qui ont été accolées aux courtines et tours. Ces constructions ont été élevées sur l'emplacement de portiques datant du XIIIe siècle et dont on retrouve toutes les amorces. Des traces d'incendie sont apparentes sur les parements des constructions du XIIe siècle, et font supposer que ces portiques ont remplacé des constructions de bois gar-

Fig. 13.

La Pose des hourds.

nissant l'intérieur de la cour avant les restaurations entreprises par Louis IX et Philippe le Hardi. Du côté de l'est et du nord les murailles n'étaient doublées que par un simple portique.

Du côté sud, s'élève un bâtiment dont toute la partie inférieure date du xiiᵉ siècle et la partie supérieure de la fin du xiiᵉ avec remaniement au xvᵉ. Ce bâtiment contenait, à rez-de-chaussée, des *cuisines voûtées* en berceau tiers-point, avec une belle porte plein cintre ouverte dans le pignon. Il sépare la grande cour d'une seconde cour donnant du côté du sud et fermée par une forte courtine du xiiᵉ siècle, complètement restaurée au xiiiᵉ.

A cette courtine était accolée une construction présentant un très large portique à rez-de-chaussée, avec salle au premier étage. On voit encore en place, le long de la courtine, tous les corbeaux de pierre qui supportaient le plancher de cette salle, une *belle cheminée* dont les profils et les sculptures appartiennent à l'époque de Saint Louis; et, à l'angle de la tour carrée nᵒ 31, dite tour Peinte (p. 75), l'amorce des piles du portique inférieur. Une *grande fenêtre* carrée à meneaux éclairait du côté sud, vers Saint-Nazaire, la grande salle du premier étage. Cette fenêtre est élevée au-dessus du plancher intérieur, et la disposition du plafond qui fermait l'ébrasement est telle, que les projectiles lancés du dehors ne pouvaient pénétrer dans la salle. *A l'angle sud-ouest* du Château s'élèvent d'énormes constructions, sortes de donjons ou ré-

VII

LA GRANDE ÉCHAUGUETTE DU CHATEAU.

duits, indépendants les uns des autres, qui commandaient les cours et les dehors. La plus élevée, mais la plus étendue de ces bâtisses, est la tour dite Peinte, n° 31.

Front ouest du Château. — Mais c'est sur le front ouest que l'étude du *Château de la Cité* est particulièrement intéressante. Le côté occidental est celui qui regarde la campagne et qui fait face à la grosse Barbacane n° 8, bâtie au bas de l'escarpement.

Pour bien faire comprendre les dispositions très compliquées de cette partie du Château il faut que nous descendions à cette Barbacane et que sucessivement nous passions par tous les détours si ingénieusement combinés pour rendre impossible l'accès du Château à une troupe armée.

Grande Barbacane extérieure du Château (n° 8). — Malheureusement la Barbacane fut démolie en 1816 pour bâtir une usine le long de l'Aude (Usine de l'Ile). Cette destruction est à jamais regrettable, car, au dire de ceux qui ont vu ce bel ouvrage, il produisait un grand effet et était élevé en beaux matériaux. C'était une importante défense, communiquant avec le Château, par des rampes fortifiées très habilement conçues au point de vue de la défense de la place. Je n'ai pu retrouver, en fouillant assez profondément, que ses fondations et ses premières assises, ce qui permettait seulement

de reconnaître exactement et sa place et son dia-
mètre.

*Traces du pourtour de la Barbacane 8, visibles
sur le sol de la Place Saint-Gimer, au pied de la
Cité.*

La Barbacane avait été élevée très probablement
sous Saint Louis, comme la plupart des adjonctions
et restaurations faites au Château. Elle était percée
de deux rangs de meurtrières et était couronnée
par un chemin de ronde crénelé avec hourds. Elle
n'était point couverte, sa grande étendue ne le per-
mettant guère, mais devait posséder à l'intérieur
des galeries de bois facilitant l'accès aux meur-
trières, et formant un abri pour les défenseurs.

La porte était percée dans l'angle rentrant, côté
du nord, sur le flanc de la Grande Caponnière qui
monte à la Cité (fig. 14) en B' (1).

Un plan de la Cité et de la Ville de Carcassonne,
relevé en 1774, antérieurement par conséquent à
la destruction de la Barbacane, mentionne, dans la
légende, un grand souterrain existant sous le *bou-
levard de la Barbacane,* mais depuis longtemps
comblé. ~~Je n'ai pu retrouver la trace de~~ cette cons-
truction, à l'existence de laquelle je ne crois guère.
Si ce souterrain a jamais existé, il devait établir

(1) Notre figure 14 fait voir en C la Barbacane du côté de la
ville avec sa porte en A'; en O₁ la Porte du Château; en L, la
grande cour; en P, le logis contenant les cuisines, en M, la
deuxième cour avec le portique N sur lequel est établie la
grande salle; en Q et R, les logis, donjons; en D, la grande
Barbacane extérieure et en X et Y les tours du XIIᵉ siècle.

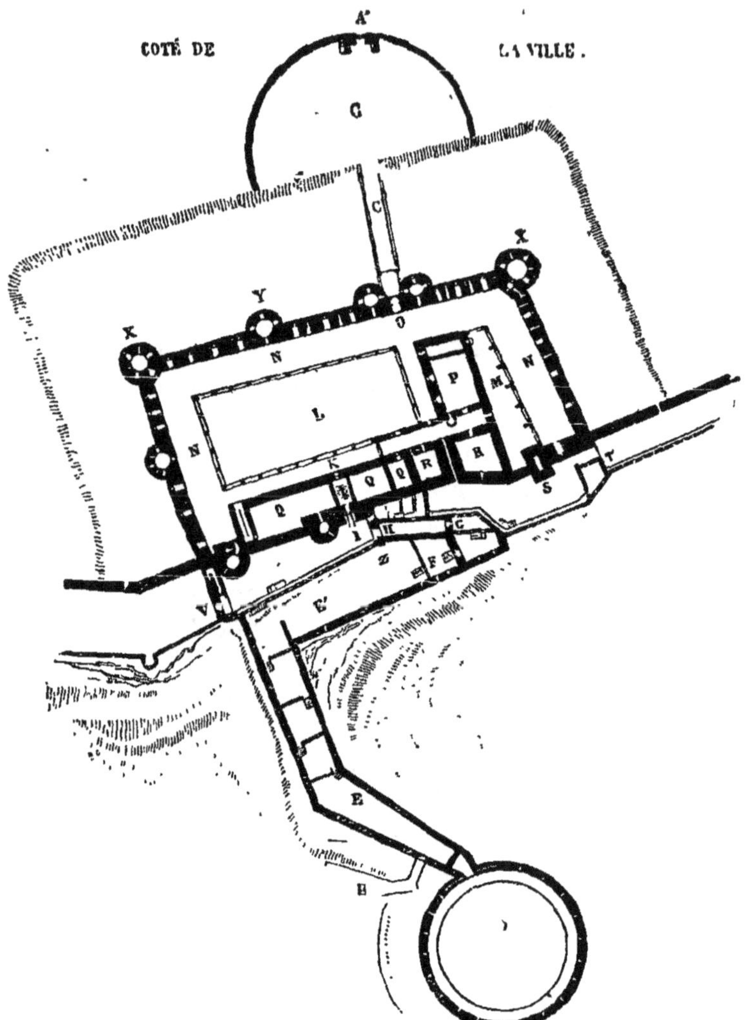

Fig. 14.

PLAN GÉNÉRAL DES DÉFENSES DU CHATEAU.

une communication entre la Barbacane et le *moulin fortifié dit du Roi,* afin de permettre à la garnison du Château d'arriver à couvert jusqu'à la rivière.

La Grande Caponnière et Défenses du Château. — Cette *Caponnière* ou montée, fortifiée des deux côtés, est assez étroite à sa base près de la Barbacane. Elle s'élargit en E jusqu'au point où, formant un coude, elle se dirige perpendiculairement au front du Château, afin d'être enfilée par les assiégés postés sur les chemins de ronde de la double enceinte ou dans le Château même; puis, ayant atteint le pied de l'enceinte, la Caponnière se détourne en E' à droite, longe cette enceinte du nord au sud, pour atteindre une première porte dont il ne reste que les pieds-droits. Ces rampes E sont crénelées à droite et à gauche. Leur montée est coupée par des parapets chevauchés. En F était un mur de garde en avant de la première porte; ayant franchi cette première porte, on devait longer un deuxième mur de garde, passer par une barrière, se détourner brusquement à gauche, et se présenter devant une deuxième porte G, en étant battu de flanc par les gens de la deuxième enceinte. Alors on se trouvait devant un ouvrage considérable et bien défendu; c'est un couloir long, surmonté de deux étages, sous lesquels il fallait passer.

Le premier de ces étages battait la porte G et était percé de mâchicoulis s'ouvrant sur le passage; le deuxième étage était en communication avec les crénelages supérieurs, battant soit la rampe, soit l'espace G. Le plancher du premier étage ne communiquait avec les Lices que par une porte étroite. Si l'ennemi parvenait à occuper cet étage, il était pris comme dans une souricière, car, la petite porte fermée sur lui, il se trouvait exposé aux projectiles tombant des mâchicoulis du deuxième étage; et l'extrémité du plancher de ce premier étage étant interrompue en H, du côté opposé à l'entrée, il était impossible à cet assaillant d'avancer. S'il parvenait à franchir sans encombre le couloir à rez-de-chaussée, il était arrêté par la porte H, percée dans une traverse couronnée par les mâchicoulis du troisième étage, communiquant avec les chemins de ronde supérieurs du Château. Si, par impossible, les assiégeants s'emparaient du deuxième étage, ils ne trouvaient d'autre issue qu'une petite porte latérale donnant dans une salle établie sur des arcs, en dehors du Château, et ne communiquant avec l'intérieur que par des détours qu'il était facile de barricader en un instant et qui d'ailleurs étaient fermés par des vantaux. Si, malgré tous ces obstacles accumulés, les assiégeants forçaient la troisième porte H, il leur fallait alors attaquer la poterne I du Château, protégée par un système de défense formidable: des meurtrières, deux mâchicoulis placés l'un au-dessus de l'autre, un pont avec plancher mobile, une herse et des vantaux. Se fût-on emparé de cette

porte, qu'on se trouvait à 7 mètres en contre-bas
de la Cour intérieure L, à laquelle on n'arrivait
que par des degrés étroits, défendus, et en passant
à travers plusieurs portes en K.

En supposant que l'attaque fût poussée par les
Lices du côté de la Porte de l'Aude, on était arrêté
par un poste T et par une porte avec ouvrages de
bois et un double mâchicoulis percé dans le plan-
cher d'un étage supérieur communiquant avec la
grande salle sur N du Château, au moyen d'un
passage de charpente qui pouvait être détruit en
un instant; de sorte qu'en s'emparant de cet étage
supérieur on n'avait rien fait (voir Courtine entre
31 et 37).

Si après avoir franchi l'ouvrage T, on poussait
plus loin sur le chemin de ronde, le long de la tour
carrée S, on rencontrait bientôt une garde avec
porte bien munie de mâchicoulis et bâtie perpen-
diculairement au couloir G H. Après cette porte,
c'était une troisième porte étroite et basse percée
dans la grosse traverse Z qu'il fallait franchir;
puis, on arrivait à la poterne I du Château.

Si, au contraire, l'assaillant se présentait du côté
opposé par les Lices du nord, il était arrêté par
une défense V, mais de ce côté l'attaque ne pouvait
être tentée, car c'est le point de la Cité qui est le
mieux défendu par la nature. La grosse traverse Z
qui, partant de la courtine du Château, s'avance à
angle droit jusque sur la montée de la grande Bar-
bacane extérieure, était couronnée par des mâchi-

coulis transversaux qui commandaient la porte H et par une échauguette crénelée qui permettait de voir ce qui se passait dans la Caponnière, afin de prendre les dispositions intérieures nécessaires, ou de reconnaître les corps amis.

Cette partie des fortifications de la Cité de Carcassonne est certainement *la plus intéressante*. C'est en examinant scrupuleusement les moindres traces des constructions encore existantes, que l'on a pu reconstituer ce bel ouvrage. Je dois dire, toutefois, que peu de points restent vagues et que le système de la défense ne présente pas de doutes. Il s'accorde parfaitement avec les dispositions naturelles du terrain, et les vestiges sont encore pleins de fragments qui donnent non seulement la disposition des constructions de pierre, mais encore les attaches, prises et scellements des constructions de bois, des planchers et gardes.

Une vue cavalière du Château et de la Barbacane restaurés, que nous donnons ci-après (fig. 15), présente l'ensemble de ces ouvrages.

IV. — ÉGLISE DE SAINT-NAZAIRE

ANCIENNE CATHÉDRALE

Cette église se compose d'une nef dont la construction remonte à la fin du xie siècle ou au commencement du xiie, et d'un transept avec abside et chapelles, datant du commencement du xive siècle.

Du côté *sud-ouest*, la muraille des Visigoths

venait longer la façade ouest de l'église cathédrale de Saint-Nazaire (fig. 16). Cette façade, élevée, comme nous l'avons dit, à la fin du XIe siècle ou au commencement du XIIe, n'est qu'un mur fort épais sans ouverture dans la partie inférieure. Elle dominait l'enceinte Visigothe et augmentait sa force sur ce point attaquable. Son couronnement consistait en un crénelage dont nous avons retrouvé les traces et que nous avons pu rétablir dans son intégrité.

Les fortifications de Philippe le Hardi laissèrent entre elles et cette façade (fig. 16) un large espace et la défense supérieure de la façade de Saint-Nazaire demeura sans objet puisqu'elle ne commandait plus les dehors.

En 1096, le pape Urbain II vint à Carcassonne pour rétablir la paix entre Bernard Aton et les bourgeois qui s'étaient révoltés contre lui et il bénit l'église cathédrale (Saint-Nazaire), ainsi que les matériaux préparés pour l'achever. C'est à cette époque en effet que l'on peut faire remonter la construction de la nef de cette église.

Nous n'entreprendrons pas une discussion sur les édifices qui ont pu précéder l'église que nous voyons aujourd'hui, et dont les parties les plus anciennes ne remontent pas au delà de l'année 1090. Nous n'essayerons pas davantage de pénétrer les motifs qui firent reconstruire le sanctuaire, le transept et les chapelles au commencement du XIVe siècle, les documents historiques faisant abso-

ÉGLISE SAINT-NAZAIRE.

Phot. Michel Jordy.

Fig. 15.
Vue cavalière
du Chateau et de la Barbacane (8) restaurés

14

lument défaut. Mais, ce qui est certain, c'est que ces constructions du xiv⁰ siècle ont été relevées sur les fondations romanes retrouvées partout, et notamment dans la *Crypte du* xi⁰ *siècle* que nous avons découverte sous le sanctuaire, en 1857, et qui fut alors déblayée. Seules, les voûtes de cette crypte avaient été détruites pour abaisser le sol de ce sanctuaire au xiv⁰ siècle. Elles ont été remplacées par un plafond de pierre qui laisse apercevoir les anciennes piles et les murs percés de petites baies.

La *nef romane* présente une disposition qui a été adoptée assez fréquemment dans les églises provençales et du bas Languedoc. La *voûte centrale,* en berceau avec arcs-doubleaux, est contre-butée par les voûtes également en berceau, couvrant les collatéraux très étroits. Cette nef n'est donc éclairée que par les fenêtres des murs latéraux.

Une *porte plein cintre,* datant du commencement du xii⁰ siècle, s'ouvre dans le bas-côté nord; car autrefois la façade occidentale de la nef, ainsi que nous l'avons dit précédemment, était voisine des remparts et contribuait à leur défense. Sa base était seulement percée d'une très petite porte qui s'ouvrait dans un couloir dont on aperçoit les amorces.

Vers 1260 fut accolée au flanc sud du transept roman, *une chapelle* dont le sol est au niveau du pavé de l'ancien cloître, c'est-à-dire à 2 mètres environ au-dessous du sol de l'église. Cette chapelle renferme le *tombeau de l'évêque Radulphe,* dont l'inscription donne la date de 1266, comme étant celle de la mort du prélat. C'est sur les instances de cet évêque que les habitants des faubourgs de la Cité, proscrits à la suite du siège entrepris par le vicomte Raymond de Trencavel, furent autorisés à rebâtir leur ville de l'autre côté de l'Aude. Ce tombeau est un monument fort intéressant, bien que la figure du personnage, traitée en bas-relief, soit médiocre; le simulacre du sarcophage qui la porte donne une série de figurines d'une conservation parfaite, représentant les chanoines de la Cathédrale dans leur costume de chœur. Ce soubassement est intact, car le sol de la chapelle ayant été relevé au niveau de celui du transept, les parties inférieures du monument sont restées enterrées pendant des siècles et ont été ainsi préservées des mutilations.

Le *chœur, le transept* et *les chapelles* de la Cathédrale ont été élevés sous l'épiscopat de Pierre de Roquefort, de 1300 à 1320. Le plan roman a été suivi dans la construction de cette partie de l'église, et c'est pourquoi les deux bras de ce transept présentent une disposition originale qui appartient seulement à quelques édifices de l'école romane du Midi, antérieure au XIIIe siècle.

En effet, sur chacun de ces *bras de la croix* s'ouvrent trois *chapelles* orientées, séparées seulement par des claires-voies au-dessus d'une arcature de soubassement aveugle. Quatre des piliers qui forment la séparation de ces chapelles sont cylindriques comme pour rappeler ceux de la nef du XIIe siècle.

L'évêque Pierre de Roquefort sembla vouloir faire de sa Cathédrale de Saint-Nazaire, si modeste comme étendue, un chef-d'œuvre d'élégance et de richesse. Contrairement à ce que nous voyons à Narbonne, où la sculpture fait complètement défaut, l'ornementation est prodiguée dans l'église de Saint-Nazaire. *Les verrières*, immenses et nombreuses (car ce chevet et ce transept semblent une véritable lanterne), sont de la plus grande magnificence comme composition et couleur. *Le sanctuaire*, dont les piliers sont décorés des statues des Apôtres, était entièrement peint.

Les deux chapelles latérales de l'extrémité de la nef, au nord et au sud, ne furent probablement élevées qu'après la mort de Pierre de Roquefort, car elles ne se relient point au transept comme construction, et, dans l'une d'elles, celle du nord, est placé, non pas après coup, le tombeau de cet évêque, l'un des plus gracieux monuments du XIVe siècle que nous connaissions.

Les grands vents du sud-est et de l'ouest qui règnent à Carcassonne avaient fait ouvrir la *porte principale* sur le flanc nord de la nef romane; *une autre porte* est percée dans le pignon du bras de croix nord; et dans l'angle de ce bras de croix est un joli escalier en forme de *tourelle* saillante. Des deux côtés du *sanctuaire*, entre les contre-forts, sont disposés *deux petits sacraires* qui ne s'élèvent que jusqu'au-dessous de l'appui des fenêtres. Ces sacraires sont munis d'armoires doubles, fortement ferrées et prises aux dépens de l'épaisseur des murs. Ils servaient de trésors, car il était l'usage de placer, des deux côtés du maître autel des églises abbatiales ou cathédrales, des armoires destinées à renfermer les vases sacrés, les reliquaires et tous les objets précieux.

Outre les tombeaux des évêques Radulphe et Pierre de Roquefort on voit, sur les parois du sanctuaire, côté de l'évangile, un *beau tombeau en albâtre* d'un évêque dont la statue est couchée sur un sarcophage et que l'on dit être Simon Vigor, archevêque de Narbonne, mort à Carcassonne en 1575. Ce tombeau et la statue datant du XIVe siècle ne peuvent, par conséquent, être attribués à ce prélat. Nous signalerons une autre erreur. On a placé dans l'église de Saint-Nazaire une *dalle funéraire* que l'on donne comme ayant appartenu au tombeau du fameux *Simon de Montfort*. D'abord le tombeau de Simon de Montfort fut élevé près de Montfort-l'Amaury, dans l'église de l'abbaye des Hautes-Bruyères, et, s'il y eut jamais à Carcassonne un monument dressé à sa mémoire, après la levée du siège de Toulouse, ce ne pourrait être une dalle funéraire. Puis la gravure de cette dalle, l'inscription, sont tracées par un faussaire ignorant et inhabile. Toutefois, cette dalle ayant été retrouvée, dit-on, sans qu'on ait su exactement où et comment, et donnée à l'église de Saint-Nazaire, nous n'avons pas cru devoir la rejeter.

On voit, incrusté dans la muraille de la chapelle de droite, un fragment d'un *bas-relief* d'un intérêt plus sérieux en ce qu'il présente l'attaque d'une place forte. Ce fragment, quoique d'un travail très-grossier, date de la première moitié du XIIIe siècle. L'assaillant essaye de forcer les Lices d'une ville entourée de murailles, et les assiégés font jouer un *mangonneau*. On a cru voir dans ce bas-relief une représentation de la mort de Simon de Montfort, tué devant les murs de Toulouse par la pierre d'un engin servi par des femmes, sur la place de Saint-Sernin. L'hypothèse n'a rien d'invraisemblable, ce bas-relief datant de l'époque de ce siège, et des anges enlevant dans les airs l'âme d'un personnage, sous la forme humaine, qui peut bien être celle de Simon de Montfort.

Parmi les plus *belles verrières* qui décorent les fenêtres de la Cathédrale de Saint-Nazaire, il faut citer celle de la première chapelle près du sanctuaire, côté de l'épître, et qui représente le Christ en croix, avec la tentation d'Adam, des prophètes tenant des phylactères sur lesquels sont écrites les prophéties relatives à la venue et à la mort du Messie. Ce vitrail, comme entente de l'harmonie des tons, est un des plus remarquables du XIVe siècle. Toutes les autres verrières à sujets légendaires datent de cette époque. Mais dans le sanctuaire, il existe deux fenêtres garnies, au XVIe siècle, de

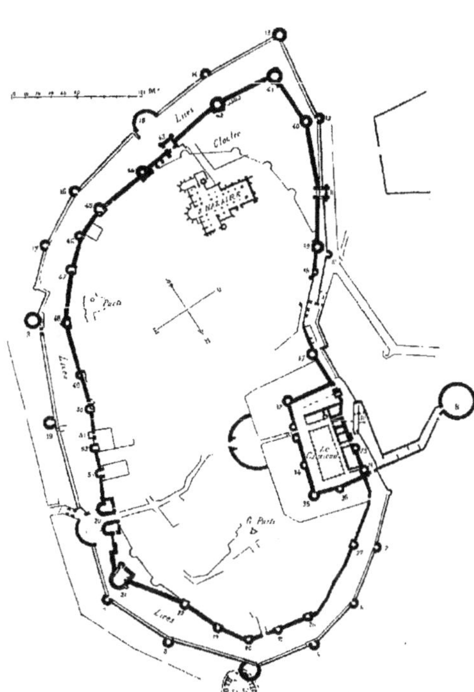

Fig. 16. — Plan général de la Cité.

vitraux d'une grande valeur qui appartiennent à la belle Ecole Toulousaine de la Renaissance. Les grisailles sont modernes et ont été fabriquées à l'aide des fragments anciens qui existaient encore. Les vitraux des *deux roses* et des deux chapelles de la nef sont anciens et ont été simplement restaurés avec le plus grand soin.

La sacristie, jointe à la chapelle de l'évêque Radulphe, a été construite en même temps que cette chapelle, puis réparée au xv⁰ siècle.

L'Évèché. — Le Cloitre

Quant aux bâtiments de *l'Evêché,* ils sont complètement rasés; il n'en est pas de même du *cloître* de l'église Saint-Nazaire, dont les fondations ont été retrouvées. Ces fondations, et un mur de ce cloître, conservé avec les piles engagées et les formerets des voûtes, se rapportent aux tracés des vieux plans de la Cité, dans lesquels ce cloître et ses dépendances sont indiqués. Cette construction date de l'époque de Saint Louis. (Voir Escalier du Cloître, page 21).

V. — INTÉRIEUR DE LA CITÉ

Il n'existe plus, dans *l'intérieur de la Cité,* que quelques débris des maisons anciennes et *trois puits.* L'un large, avec belle margelle surmontée de trois piliers, margelle et piliers qui datent du xiv⁰ siècle. Ce puits a été creusé dans le roc dès une époque très ancienne (le Grands Puits), l'autre, beaucoup plus étroit, dont la margelle date du xv⁰ siècle (le Puits du Plô), le troisième, dans le cloître de Saint-Nazaire (aujourd'hui comblé). Il devait exister des *Citernes* dans la Cité, car ces trois puits et ceux établis dans quelques-unes des tours, ainsi qu'on l'a vu, ne pouvaient suffire aux besoins de la garnison et des habitants. Une seule de ces citernes a été découverte par nous; elle est creusée sous la montée de la porte de l'Aude, entre les deux enceintes. On y descend par un escalier, pratiqué dans l'épaisseur du mur de la première enceinte, et on pouvait puiser l'eau qu'elle contenait par un regard avec margelle que l'on voit le long de ce mur en montant à la porte de l'Aude. Cette citerne est aujourd'hui comblée en partie: elle devait être alimentée par les eaux de pluies recueillies entre la porte de l'Aude et le cloître de Saint-Nazaire, et peut-être par une source qui aujourd'hui ne donne que très peu d'eau (voir Avant-Porte de l'Aude, page 47).

Une *petite église* existait le long des murailles, près de la Porte Narbonnaise; c'était *l'église de Saint-Sernin*, dont la tour n° 53 formait l'abside. Au xv⁰ siècle, une fenêtre à meneaux fut ouverte dans cette abside, à travers la maçonnerie Visigothe. L'église fut démolie pendant le dernier siècle; elle était de construction romane (voir Tour Saint-Sernin, n° 53),

CONCLUSIONS

Cette description sommaire de la Cité de Carcassonne peut faire comprendre l'importance de ces restes, l'intérêt qu'ils présentent et combien il importait de ne pas les laisser périr. *L'église de Saint-Nazaire* a été complètement restaurée par les soins de la Commission des monuments historiques. Ces travaux, entrepris en 1844, n'ont été terminés qu'en 1860. Toutes *les tours de l'enceinte intérieure*, découvertes depuis un grand nombre d'années, et particulièrement celles qui sont voûtées, avaient beaucoup souffert des intempéries de l'atmosphère. Longtemps ces ruines ont été abandonnées aux habitants de la Cité, qui ne se faisaient pas faute d'enlever les matériaux des parapets et des chemins de ronde à leur portée, et de se servir des tours comme de dépôts d'immondices. La circulation, sur le chemin de ronde, était très difficile. *Sur le front sud,* un grand nombre de maisons et de baraques s'adossaient aux remparts. Ces maisons, qui composent ce qu'on appelle encore aujourd'hui le quartier des Lices, sont occupées par une population pauvre de tisserands qui vivent dans des rez-de-chaussée humides, pêle-mêle avec des animaux domestiques (1).

(1) Toutes ces maisons sont aujourd'hui démolies. Les Lices, ainsi dégagées et aplanies, offrent une promenade des plus intéressantes. (N. des E.).

Depuis 1855, des *travaux de restauration,* et principalement de consolidation et de couverture des tours, ont été entrepris dans la Cité de Carcassonne sous la direction supérieure de la Commission des monuments historiques.

Chaque année, depuis cette époque, des crédits sont ouverts pour restaurer les parties de l'enceinte qui souffrent le plus et qui présentent le plus d'intérêt. La plupart des tours de l'enceinte intérieure sont couvertes comme elles l'étaient jadis. Des pans de murs qui menaçaient ruine, particulièrement du côté de la Porte de l'Aude, ont été remontés et consolidés, les chemins de ronde sont praticables. De leur côté, l'administration de la guerre, le Conseil général de l'Aude et la Ville de Carcassonne accordent des crédits qui sont spécialement affectés aux acquisitions des maisons adossées encore aux remparts.

Bien que les crédits disponibles soient faibles chaque année, cependant le résultat obtenu est considérable et les nombreux étrangers qui visitent aujourd'hui la Cité de Carcassonne peuvent se faire une idée exacte du système de défense employé dans les fortifications des diverses époques du moyen âge.

*Je ne sache pas qu'il existe nulle part en Europe un ensemble aussi complet et aussi formidable de défenses des VI*e*, XII*e* et XIII*e* siècles, un sujet d'étude aussi intéressant, et une situation plus pittoresque.*

Tous ceux qui tiennent à nos anciens monuments, qui aiment et connaissent l'histoire de notre pays, désirent voir achever cette restauration, et déjà, dans le Midi, la Cité de Carcassonne, à peine visitée autrefois, est devenue le point d'arrêt de tous les voyageurs.

TABLE DES ILLUSTRATIONS HORS-TEXTE

L'Union Typographique, Villeneuve-St-Georges.

DOCUMENTS D'ART

Collection d'ouvrages d'amateur in-4° (18 × 24) comportant un texte et un album de planches en portefeuille. La série se vend également reliée demi-chagrin, tête dorée, moyennant un supplément de 5o fr. par volume.

MUSÉE DU LOUVRE

Le Mobilier Français, par Carle DREYFUS, conservateur-adjoint au Musée du Louvre.

  I. *Époques de Louis XIV et de Louis XV,* 41 planches.
  II. *Époque de Louis XVI,* 51 planches.
    Les deux albums ensemble............................ **120 fr.**

Les Objets d'Art du XVIIIe siècle, par Carle DREYFUS, conservateur-adjoint au Musée du Louvre.

  I. *Époque de Louis XV,* 25 planches.
  II. *Époque de Louis XVI,* 41 planches.
    Les deux albums ensemble............................ **90 fr.**

La Céramique Française, par Mlle M.-J. BALLOT, attachée au Musée du Louvre.

  I. *Bernard Palissy et les fabriques du XVIe siècle.*
    Un album de 48 planches, dont 25 en couleurs, et 46 pages de texte.

  II. *Nevers, Rouen et les fabriques des XVIIe et XVIIIe siècles.*
    Un album de 48 planches, dont 36 en couleurs, et 52 pages de texte.
    Les deux albums ensemble............................ **200 fr.**

La Céramique Chinoise, par J.-J. MARQUET DE VASSELOT, conservateur-adjoint et Mlle M.-J. BALLOT, attachée au Musée du Louvre.

  Deux albums de planches et texte, avec les fac-similés exacts des marques des potiers et des fabriques.

  I. *De l'époque des Han à l'époque des Ming (206 avant J.-C.-1643).*
    Un album de 40 planches, dont 28 en couleurs.

  II. *De l'époque de K'ang-Hi à nos jours (1662-1911).*
    Un album de 44 planches, dont 32 en couleurs.
    Les deux albums ensemble............................ **200 fr.**

L'Art Chinois. Sculptures, Bronzes, Orfèvrerie, Fer, Peinture, par Gaston MIGEON, directeur honoraire des Musées Nationaux.

  Un album de 58 planches, dont 6 en couleurs, et 40 pages de texte .... **90 fr.**

DOCUMENTS ET SOUVENIRS

Le Théâtre de la rue, par PAUL GINISTY.

> Un album in-4º (18×24) de 64 pages de texte et 24 planches, dont 1 en couleurs, en portefeuille.................... 50 fr.

Le Théâtre romantique, par PAUL GINISTY.

> Un album in-4º (18×24) de 50 pages de texte historique, et de 46 planches documentaires, dont 6 en couleurs, sous élégant portefeuille .... 75 fr.

Le Berry de George Sand, par AURORE SAND.

> Un volume in-4º (18×24) de 192 pages de texte, illustré de 10 dessins dans le texte et 12 hors-texte en héliotypie, broché sous couverture romantique .... 50 fr.
>
> Il a été tiré 25 exemplaires sur hollande Van Gelder.. 150 fr.

Louis XV intime, par CLAUDE SAINT-ANDRÉ.

> Un bel album in-4º (18×24) de 72 pages de texte, décorées de bandeaux et culs-de-lampe, et 40 planches en héliotypie, dont 7 en couleurs, sous portefeuille de luxe................ 75 fr.

L'Impératrice Eugénie, par LACOUR-GAYET, Membre de l'Institut.

> Un bel album in-4º (18×24) de 104 pages de texte et 40 planches en héliotypie, dont 1 en couleurs, sous portefeuille de luxe. 75 fr.
>
> Il a été tiré 25 exemplaires sur hollande Van Gelder.. 150 fr.

Le Palais du Louvre, par HENRI VERNE, Directeur des Musées Nationaux et de l'École du Louvre.

I. — *Comment il a grandi de Philippe-Auguste à Louis XIV.*

II. — *Comment l'ont terminé Louis XIV, Napoléon Ier et Napoléon III.*

> Deux albums in-4º (18×24) de 92 pages de texte et 66 planches, dont 11 en couleurs, présentés sous portefeuilles de luxe. 130 fr.

ÉDITIONS ALBERT MORANCÉ

PEINTURE, DESSINS

La Peinture Française : *Les Primitifs,* par Jean Guiffrey, Pierre Marcel et Charles Terrasse.

> Deux séries in-folio (36,5×45) de chacun deux albums, 60 planches, en héliotypie avec texte, en carton. Chaque série, en un portefeuille .... 300 fr.

La Peinture Française : *Le XVIIIe siècle,* par Pierre Marcel.

> Deux albums in-folio (36,5×45), 58 planches en héliotypie avec texte, en un portefeuille .... 300 fr.

Inventaire général illustré des Dessins du Musée du Louvre et du Musée de Versailles, Ecole française, par Jean Guiffrey, Pierre Marcel et Gabriel Rouchès.

> Douze volumes brochés in-4° (22,5×28), illustrés chacun de plus de 450 reproductions en héliotypie. Les volumes I à X sont parus. Le volume I est en réimpression.
> Chaque volume .... 125 fr.

Musée du Louvre : *Les Dessins de Michel-Ange,* par Louis Demonts, Conservateur-adjoint au Musée du Louvre.

> Un album (18×24) de 18 planches en héliotypie avec texte, en portefeuille .... 30 fr.

Musée du Louvre : *Les Dessins de Léonard de Vinci,* par Louis Demonts, Conservateur-adjoint au Musée du Louvre.

> Un album (18×24) de 26 planches en héliotypie avec texte, en portefeuille .... 35 fr.

Musée du Louvre : *Les Dessins de Claude Gellée, dit Le Lorrain,* par Louis Demonts, Conservateur-adjoint au Musée du Louvre.

> Un album (18×24) de 56 planches en héliotypie avec introduction et catalogue descriptif, en portefeuille .... 70 fr.

Les Dessins des Ecoles du Nord de la Collection Dutuit au Musée des Beaux-Arts de la Ville de Paris, par Frits Lugt.

> Un volume (23×29), de 44 pages de texte et 51 planches en héliotypie, cartonné, dos toile .... 150 fr.

ÉDITIONS ALBERT MORANCÉ
A PARIS, 30 & 32, RUE DE FLEURUS

PARIS

Cinquante Eaux-Fortes en couleurs

d'Eugène Véder

Format des estampes : 25×32,5^{cm}.

JUSTIFICATION DU TIRAGE :

100 exemplaires sur japon impérial, numérotés de 1 à 100.. **1.000 fr.**
400 exemplaires sur vélin de Rives, numérotés de 101 à 500.   **500 fr.**
25 exemplaires hors commerce, dont 5 sur japon, marqués de A à E, et 20 sur vélin de Rives, marqués de F à Z.

ÉDITIONS ALBERT MORANCÉ

L. Union Typographique, Villeneuve-St-Georges.